Theo von Taane

FUNCRAFT

Das beste inoffizielle

Mathe Ausmalbuch

für Minecraft Fans

KEIN OFFIZIELLES MINECRAFT-PRODUKT. NICHT VON MOJANG GENEHMIGT ODER MIT MOJANG VERBUNDEN.

Bibliografische Information der Deutschen Nationalbibliothek:
Die Deutsche Nationalbibliothek verzeichnet diese Publikation in der Deutschen Nationalbibliografie; detaillierte bibliografische Daten sind im Internet über http://dnb.dnb.de abrufbar.

© 2017 Theo von Taane; 4. Auflage
Covergrafik, Texte & Illustrationen © 2017 Theo von Taane

Herstellung und Verlag: BoD – Books on Demand, Norderstedt

ISBN: 9783743196919

Inhaltsangabe: Seite

1. Minecrafter in Diamantrüstung   *Basis Addition*

6+0	2+3	1+4	5+1	8+2	4+6	7+3	2+8	10+0	9+1	6+4	8+2	3+7	4+6	2+3	3+2	2+1	4+1
3+2	3+0	3+3	4+1	5+5	7+3		2+5	4+4	6+1	6+2	3+4	2+8	7+3	6+0	0+3		1+2
1+2		2+1	3+2	8+2	5+5		5+3	2+5	0+7	6+1	4+4	6+4	5+5	3+3	0+6	3+0	2+4
4+2	2+1	1+4	4+2	9+1	4+6	8+2	5+5	4+4	2+6	6+4	5+5	8+2	4+6	4+2	2+3	1+5	4+1
5+0	2+3	5+1	2+4	7+3	5+4	5+4	1+8		2+8	4+5	3+6	8+1	6+4	2+4	3+2	3+3	4+2
2+4	3+2	3+3	4+1	10+0	9+0		2+2	4+6	9+1	1+3		7+2	8+2	5+0	2+3	5+1	2+4
2+1	4+2	2+3	1+4	5+0	2+7	4+5	3+6	1+0	0+1	0+9	4+5	6+3	4+2	2+3	1+3	4+0	3+3
	1+2	0+5	3+3	4+1	1+8	7+2	0+4	4+5	8+1	3+1	2+7	5+4	2+4	1+5	3+3	2+3	0+3
1+2	2+4	3+2	6+0	3+3	2+7	9+0	3+1	2+2	1+3	4+0	3+6	2+7	5+0	2+2	3+2	3+3	4+1
0+6	3+7	5+5	7+3	8+2	3+7	1+9	3+6	5+4	4+5	3+6	9+1	4+6	8+2	5+5	10+0	3+7	0+6
4+1	2+8			5+5	2+8		7+1	9+0	3+6	5+3	6+2	7+3	5+5			2+8	5+0
2+4	6+4		5+3	8+2	6+4			3+4	8+0		2+5	5+5	8+2	5+3		6+4	3+2
3+3	8+2	6+2	8+0	9+1	8+2		4+3	2+5		4+3	1+7	4+6	9+1	8+0	6+2	8+2	3+3
2+0	10+0	5+5	7+3	2+8	0+10		6+1	0+7	3+4	2+5	4+4	6+4	7+3	5+5	7+3	10+0	0+2
1+1	9+0	3+6	5+4	1+8	9+1	0+7	1+7	6+2	4+4	5+3	2+5	8+2	4+5	2+7	9+0	3+6	1+1
0+2	3+6	6+3	9+0	8+1	4+6		4+3	2+5	6+1	8+0	4+3	3+7	5+4	8+1	3+6	6+3	2+0
1+1	8+1	0+9	2+7	1+8	7+3	6+2	4+4	1+7	2+6	3+4	3+4	2+8	0+9	7+2	8+1	4+5	1+1
2+0	4+5	5+4	7+2	1+8	5+5	1+9	0+7	6+1	5+3	2+5	7+3	6+4	1+8	6+3	4+5	5+4	0+2
1+1	2+7	0+9	2+7	7+2	4+6	1+7	8+2	4+6	10+0	9+1	2+5	8+2	6+5	5+4	2+7	0+9	1+1
0+2	3+6	5+4	4+5	3+6	6+4	6+1	7+0	8+2	4+6	0+8	4+3	0+10	3+6	2+7	3+6	5+4	2+0
2+0	9+0	3+6	5+4	1+8	8+2	10+0	5+5	7+3	2+8	10+0	9+1	6+4	4+5	6+3	9+0	3+6	1+1

leeres Kästchen = weiß

Schlüssel:

10 dunkelblau	**9** rosa	**7,8** hellblau	**5,6** grün	**4** schwarz
3 gelb	**2** grau	**1** braun		

2. Ghast

Basis Addition

4+1	3+2	3+3	4+3	6+2	1+9	4+6	3+4	8+2	3+7	7+0	10+0	4+6	2+5	1+7	3+3	1+0	4+2
2+4	5+0	1+5	8+0	7+3	5+3	1+7	9+1	3+6	5+4	1+8	6+2	6+1	8+2	5+2	2+3	5+1	6+0
0+1	3+3	1+4	3+6	5+4	1+8	6+5	4+8	5+5	3+6	2+7	3+6	5+4	4+5	3+6	1+4	3+3	4+2
1+5	6+0	4+2	3+7	4+4	1+1	0+2	2+0	3+7	9+1	0+2	1+1	2+0	6+1	6+4	0+1	6+0	3+2
2+3	0+5	3+3	6+4	2+8	0+10	2+6	3+4	5+4	1+8	7+2	9+0	3+7	10+0	2+8	0+5	4+1	3+3
4+2	1+0	1+5	3+6	5+4	1+8	8+2	5+5	9+0	8+1	5+4	3+6	7+2	4+6	1+9	1+5	1+0	1+4
2+4	0+5	1+4	4+4	2+5	6+1	1+9	10+0	2+7	2+7	8+1	7+2	4+3	3+4	0+7	3+2	3+3	0+1
3+2	3+3	1+5	3+6	2+7	3+6	5+4	4+5	3+6	1+8	0+9	4+5	6+4	7+3	9+1	4+2	0+5	6+0
0+1	4+2	2+3	2+6	3+4	1+9	6+4	0+10	2+7	2+7	0+9	2+7	5+5	2+5	8+0	1+4	1+0	2+3
2+4	1+5	4+1	8+2	7+3	4+6	7+2	1+1	0+2	2+0	1+1	9+0	3+6	5+4	1+8	3+3	0+1	1+5
0+6	3+3	0+1	4+4	3+6	2+7	3+6	5+4	4+5	3+6	6+4	1+9	4+6	10+0	4+4	0+5	4+2	1+0
1+0	4+2	1+5	6+4	2+8	4+3	3+4	0+7	6+2	7+0	4+4	2+5	6+1	7+3	9+1	0+1	3+3	6+0
1+4	3+2	3+3	1+0	1+7	2+5	3+3	0+1	2+5	6+2	5+1	0+1	4+4	3+4	6+0	1+4	1+2	2+4
1+5	1+2	2+4	6+0	2+5	6+1	6+0	3+2	6+2	3+4	1+0	5+0	0+7	0+7	1+0	3+2	1+5	4+2
4+1	3+3	4+2	1+5	5+3	1+7	3+0	1+5	1+7	4+4	1+4	3+0	6+2	6+1	5+1	3+0	0+5	3+3
0+5	3+2	3+0	2+1	6+1	4+3	4+1	3+3	6+1	6+1	2+1	3+3	2+5	8+0	3+3	1+4	4+2	1+2
0+3	1+5	3+3	2+3	4+1	4+4	6+1	5+0	0+3	2+6	3+4	0+3	6+0	6+2	6+2	3+0	2+3	6+0
4+2	1+4	5+1	2+1	3+3	0+7	4+4	2+1	5+1	5+3	1+7	4+2	1+2	1+7	2+5	2+1	1+2	5+1
2+2	1+2	3+0	1+3	0+3	3+4	0+7	4+2	2+2	4+4	2+5	1+3	3+0	6+1	6+2	4+2	1+3	0+3
4+0	2+2	0+4	3+1	2+2	4+3	6+2	3+1	1+2	7+0	5+3	2+2	3+1	2+5	1+7	4+0	2+2	3+1
3+1	1+3	2+2	4+0	1+3	2+5	2+5	2+2	0+4	6+2	8+0	4+4	2+2	3+4	6+1	1+3	0+4	2+2

leeres Kästchen = weiß

Schlüssel:

9,10 helles grau

7,8 grau

5,6 blau

4 rot

3 orange

2 schwarz

1 gelb

3. Alex   *Basis Addition*

2+7	3+6	9+0	6+3	9+0	3+3	2+4	1+5	6+0	3+3	5+1	2+4	1+5	2+7	5+4	3+6	6+3	9+0
3+6	4+5	3+6	8+1	3+6	5+1	4+2	3+3	2+4	0+6	1+5	4+2	3+3	8+1	1+2	4+5	8+1	4+0
1+8	5+4	7+2	2+2	8+1	4+2	1+5	0+6	3+3	8+0	6+2	6+0	2+4	7+2	0+9	5+4	5+0	2+3
8+1	2+1	4+5	3+6	4+5	6+0	4+2	5+1	7+1	2+6	3+5	1+7	3+3	6+3	0+5	4+1		
2+7	5+4	2+7	4+5	2+7	4+4		1+0	5+3	4+4	0+1		6+2	2+3	3+2	5+0	3+2	1+4
6+3	9+0	8+1	5+4	3+6	3+5	7+1	2+6	0+8	1+7	3+5	2+6	3+5	3+2			0+5	2+3
1+2	2+7	7+2	0+3	9+0	7+1	4+4	6+2	1+1	0+2	5+3	4+4	1+7	1+4	5+0	4+1	2+7	9+0
5+4	1+8	6+3	7+2	3+6	5+3	6+2	3+5	2+6	7+1	8+0	3+5	2+6	2+3	2+7	4+5	8+1	3+6
1+3	2+7	1+9	7+3	1+9	7+3	1+6	1+7	4+4	3+5	4+2	0+6	3+3	2+4	7+3	1+9	7+2	8+1
0+9	3+6	2+8	5+5	3+7	9+1	5+2	5+3	2+6	8+0	6+2	5+1	4+2	6+0	5+5	3+7	6+3	4+5
4+5	0+5	4+6	6+4	9+1	2+8	2+8	3+4	5+5	9+1	1+5	3+3	4+2	2+8	6+4	9+1	2+1	2+7
2+3	1+4	6+1	2+5	3+4	1+9	1+9	1+9	0+7	6+1	0+6	5+1	1+9	3+4	2+5	0+7	7+2	3+6
	2+3	8+0	2+6	1+7	4+6	7+3	3+7	9+1	2+8	3+3	4+6	3+7	3+5	2+6	0+8	6+3	9+0
4+1	3+2	4+4	3+5	0+8	3+7	5+5	9+1	2+8	1+9	8+2	3+7	9+1	1+7	5+3	4+4	0+4	3+6
5+0	2+7	5+3	1+7	2+6	0+10	6+4	1+9	1+9	7+3	2+8	2+8	1+9	8+0	6+2	3+5	5+4	0+9
4+5	3+6	6+2	4+4	3+5	7+3	1+9	2+8	4+6	5+5	4+6	1+9	2+8	1+7	4+4	2+6	9+0	3+0
0+9	1+8	2+6	5+3	8+0	0+10	7+3	4+6	3+7	6+4	2+8	4+6	6+4	5+3	7+1	6+2	2+7	6+3
3+0	8+1	3+5	1+7	5+3	3+4	2+5	0+7	6+1	2+5	3+4	0+7	6+1	4+4	3+5	0+8	1+8	2+2
3+6	2+7	6+2	4+4	2+6	9+1	4+6	7+3	2+8	10+0	1+9	3+7	5+5	2+6	7+1	5+3	2+7	3+6
4+5	3+1	0+8	3+5	7+1	3+7	5+1	3+3	6+0	2+4	1+5	3+3	8+2	3+5	4+4	2+6	3+6	4+5
5+4	6+3	5+3	2+6	4+4	1+5	0+6	4+2	3+3	6+0	4+2	5+0	5+1	8+0	1+7	5+3	8+1	5+4

leeres Kästchen = weiß

Schlüssel:

10	hellgrün	**9**	grün	**8**	rosa	**7**	grau	**6**	hellbraun
5	hellblau	**4**	rot	**3**	gelb	**2**	pink	**1**	schwarz

4. Herobrine

Basis Addition

4+5	9+0	2+7	3+6	5+4	9+0	8+1	2+7	4+5	1+8	0+9	7+2	3+6	1+8	5+4	7+2	4+5	2+7
8+1	4+5	7+2	6+3	9+0	1+3	2+2	1+5	6+0	2+2	3+1	1+5	2+4	3+6	9+0	0+3	2+1	7+2
3+6	3+0	2+1	8+1	2+7	3+2	1+4	2+4	5+1	3+3	2+2	3+1	2+2	5+4	6+3	4+5	2+7	9+0
1+8	7+2	9+0	5+4	1+8	2+2	6+1	3+4	6+2	4+4	2+5	6+1	4+2	1+8	2+7	5+4	8+1	3+6
8+1	5+4	3+6	0+9	2+7	6+2	1+7	0+7	2+5	5+3	1+7	2+6	7+0	1+2	3+0	0+9	7+2	8+1
2+7	8+1	7+2	5+4	4+5	1+7			3+4	2+6			6+2	5+4	9+0	1+8	6+3	4+5
1+8	0+9	1+2	0+3	3+6	6+1	4+4	1+7	1+5	3+2	6+1	4+3	3+4	9+0	7+2	6+5	5+4	2+7
2+7	7+2	6+3	4+5	0+9	2+5	4+3	2+2	6+1	3+4	2+2	4+4	4+4	3+6	1+8	3+6	2+7	3+6
1+2	0+3	5+4	8+1	1+8	4+4	6+2	5+1	2+3	2+4	3+3	0+7	6+1	4+5	6+3	0+3	2+1	5+4
3+6	3+7	2+8	5+5	8+2	3+7	2+8	4+3	6+2	6+1	4+4	4+6	9+1	8+2	6+4	7+3	5+5	7+2
7+2	1+9	0+10	7+3	6+4	8+2	9+1	5+5	2+5	8+0	1+9	2+8	7+3	2+8	10+0	4+6	3+7	3+6
3+0	5+5	4+6	3+7	10+0	2+8	5+5	7+3	1+9	8+2	3+7	4+6	5+5	3+7	4+6	1+9	8+2	1+8
9+0	7+3	2+8	1+9	5+5	7+3	8+2	9+1	3+7	5+5	2+8	7+3	1+9	8+2	3+7	5+5	0+10	4+5
1+8	6+1	3+4	6+2	4+4	2+8	3+7	2+8	7+3	8+2	6+4	5+5	0+10	4+3	6+1	7+0	3+4	5+4
4+5	1+7	0+7	2+5	5+3	3+7	4+6	1+9	5+5	9+1	8+2	4+6	3+7	2+5	4+4	6+2	1+7	2+7
6+3	4+4	6+1	6+2	3+4	5+5	7+3	4+6	10+0	7+3	1+9	6+4	2+8	6+1	0+7	3+4	2+5	1+8
0+9	2+5	8+0	1+7	0+7	3+7	2+8	3+7	4+6	0+10	3+7	8+2	1+9	1+7	6+2	4+4	5+3	1+2
2+7	4+3	6+2	6+1	4+4	3+7	5+5	0+10	6+4	5+5	9+1	2+8	7+3	4+3	2+5	6+1	8+0	9+0
5+4	3+4	1+7	2+5	4+3	9+1	4+6	7+3	2+8	10+0	1+9	3+7	5+5	4+4	1+7	2+6	3+4	6+3
2+1	0+7	6+1	4+4	6+2	8+2	3+7	0+10	4+6	5+5	2+8	9+1	6+4	0+7	6+1	5+3	2+5	8+1
3+6	3+4	2+5	8+0	1+7	5+5	1+9	2+8	2+8	7+3	4+6	3+7	8+2	3+4	2+6	4+4	1+6	4+5

leeres Kästchen = weiß

Schlüssel:

1,2,3	grün	4,5,6	dunkelbraun	7,8	rosa	9	gelb	10	blau

5. Enderman — *Fortgeschrittene Addition*

5+5	10+5	11+4	7+5	6+7	10+6	8+8	11+6	17+1	11+8	5+15	8+12	2+14	4+11	8+7	9+5	2+9	8+3
2+10	8+3	5+7	2+13	4+11	8+9	3+16	4+13	10+6	8+8	11+6	7+13	7+9	7+4	6+6	6+7	11+4	5+8
9+5	7+8	7+7	6+6	7+6	9+9	14+5	12+8	5+15	6+11	18+1	3+16	11+8	3+8	3+4	7+7	5+7	5+9
5+8	2+4	11+4	7+5	5+9	1+0	2+2	1+1	7+13	8+9	0+2	1+2	1+1	7+8	4+11	9+2	5+10	6+6
6+7	5+10	8+3	7+7	10+3	8+8	10+6	4+13	19+1	11+6	14+5	8+11	5+15	5+8	9+5	5+7	11+4	7+7
6+6	4+11	5+7	4+3	9+5	7+9	10+10	6+11	15+3	8+8	16+3	8+12	8+9	8+3	4+7	10+5	8+7	3+3
7+8	10+3	7+6	1+13	7+5	2+18	14+5	10+6	5+15	4+13	6+11	3+16	7+9	2+5	4+11	7+5	5+9	8+6
3+8	5+9	8+7	11+4	10+3	8+9	9+11	8+8	11+8	9+7	9+9	14+5	10+6	7+7	5+8	7+8	6+6	8+3
3+4	7+7	5+7	2+17	13+5	5+15	18+2	3+17	16+3	8+8	4+13	11+6	8+11	8+9	7+9	9+5	4+3	11+4
3+12	4+11	9+5	8+9	12+8	9+9	6+11	14+5	10+10	9+7	5+15	13+5	2+17	4+13	12+8	7+7	5+7	8+7
7+6	8+7	5+10	12+8	11+9	10+6	8+8	8+11	9+8	2+17	14+5	9+10	7+9	7+13	5+15	4+11	3+2	5+9
5+9	2+3	11+4	5+13	8+11	4+13	9+7	14+5	11+6	5+15	10+10	9+9	8+9	2+17	13+5	10+5	8+9	7+6
7+7	9+10	6+7	8+12	8+9	7+13	15+5	2+17	10+6	8+8	16+3	14+5	6+11	4+13	7+9	9+5	5+13	11+4
4+5	8+8	2+6	8+8	10+10	16+3	14+5	13+4	9+9	12+8	9+7	2+17	8+9	11+8	5+15	4+4	3+5	2+6
5+3	3+6	5+4	13+5	10+6	9+10	7+9	2+17	11+6	7+13	8+8	5+15	16+3	14+5	8+12	3+6	7+2	2+2
4+4	8+1	3+5	10+10	12+8	8+9	6+10	9+7	9+10	14+5	6+11	2+17	4+13	10+6	8+8	5+3	4+4	6+10
4+3	6+3	7+2	8+8	9+10	9+9	2+17	14+5	16+3	15+5	13+4	8+9	11+8	6+11	7+9	6+2	1+8	14+5
2+6	5+3	4+5	5+13	8+9	15+5	12+8	9+10	4+13	9+7	2+17	7+13	8+8	14+5	16+3	2+7	6+3	4+4
4+4	1+8	3+6	10+6	8+8	7+13	2+17	9+9	14+5	12+8	15+5	11+8	13+4	9+10	9+9	1+8	3+5	2+6
4+5	3+4	1+5	8+12	10+10	4+13	9+10	11+8	16+3	10+6	8+8	1+19	14+5	2+17	7+13	4+3	5+2	4+5
5+3	4+5	2+7	8+8	6+10	6+3	9+8	14+5	3+5	2+6	12+8	9+10	8+1	15+5	8+9	3+6	4+5	7+2

leeres Kästchen = weiß

Schlüssel:

16-20 schwarz   **10-15** blau   **8,9** helles braun   **6,7** grau   **3,4,5** lila

1,2 helles lila (oder helles rosa)

6. Creeper — *Fortgeschrittene Addition*

10+7	9+8	16+3	11+6	1+2	4+7	5+6	8+5	3+4	4+4	3+10	6+5	11+6	5+15	10+10	9+9	8+9	2+17
20+0	17+2	8+9	10+7	9+2	1+8	1+7	8+0	3+0	1+8	2+9	2+1	10+7	9+8	16+3	14+5	6+11	4+13
		6+11	2+15	8+5	2+2	2+4	13+0	2+1	3+3	1+5	6+3	2+15	14+3	6+11	5+12	0+1	1+1
		8+12	2+11	4+2	3+3	4+7	5+6	3+2	2+2	1+6	8+12	9+11	3+14	7+12	1+0	2+0	
	8+11	3+16	19+1	3+10	5+6	2+9	1+3	2+2	0+9	3+6	7+0	19+1					1+1
14+3	6+11	5+12	20+0	4+4	8+5	1+5	0+5	4+1	3+3	6+3	0+3	20+0	17+2				
9+11	3+14	7+10	8+9	2+5	10+2	2+3	2+2	2+4	5+1	8+1	6+5	14+5	1+19	2+15	10+7	9+8	16+3
		6+11	4+3	0+11	3+1	1+8	2+9	3+2	5+4	9+2	5+12	8+11	3+16	9+11	6+13	5+14	
	9+8	2+15	10+7	9+8	2+11	0+8	6+5	4+7	3+4	4+4	8+12	8+10	9+8				
2+18	14+3	10+7	9+8	16+3	1+6	6+5	4+7	5+6	8+5	5+4	19+1	8+9	14+3	2+18			9+8
8+11	3+16	14+3	6+11	5+12	7+0	2+10	1+7	8+5	0+3	5+8	20+0	6+11	10+9	9+8	16+3	3+14	14+3
20+0	17+2	9+11	3+14	7+10	4+5	11+2	3+10	10+2	1+2	2+5	5+15	8+11	3+16	7+13	14+3	6+11	5+12
9+8	6+5	8+11	3+16	7+12	5+4	10+0	6+5	0+11	3+6	4+3	9+8	10+10	9+8	16+3	9+11	3+14	12+7
14+3	2+10	10+7	9+8	16+3	0+9	2+1	0+3	2+11	6+3	9+2	14+3	9+11	3+14	7+11	8+11	3+16	5+6
3+6	11+2	2+9	3+13	8+8	1+8	2+9	5+2	6+1	8+1	6+5	7+7	3+11	10+4	8+8	11+5	15+1	8+5
6+8	10+4	7+7	11+3	6+9	6+5	4+7	5+6	8+5	5+4	9+2	13+1	9+7	7+7	3+13	8+6	6+5	0+11
4+11	5+11	4+7	2+5	2+11	3+6	2+6	6+3	9+2	0+9	8+5	6+5	4+7	5+6	4+11	8+8	15+0	13+1
7+7	8+6	1+2	4+3	3+10	4+5	9+0	3+0	2+1	5+4	2+11	1+2	3+4	4+4	9+6	4+10	7+7	5+11
0+16	8+8	6+5	7+4	6+5	5+4	6+3	2+11	11+0	3+6	3+10	5+6	8+5	4+5	0+16	11+3	4+11	8+8
3+13	10+4	2+4	2+10	3+3	0+9	1+8	2+9	0+8	6+3	5+4	2+2	6+3	1+5	7+7	3+13	6+8	9+7
9+7	7+7	6+8	5+11	8+8	9+6	10+4	3+11	7+7	5+11	13+3	8+6	9+7	8+8	4+10	11+5	7+7	6+9

leeres Kästchen = weiß

Schlüssel:

17-20	hellblau
14-16	lila
9-13	hellgrün
7,8	dunkelgrün
4,5,6	schwarz
3	grau
1,2	gelb

9

7. Fuchs (aus einer Tier Mod)   *Fortgeschrittene Addition*

8+8	9+10	9+9	6+9	14+5	16+3	15+5	13+4	8+9	11+8	6+11	7+9	14+5	11+6	5+15	4+0	14+5	6+11
10+6	8+8	7+13	17+2	9+9	14+5	12+8	15+5	2+3	14+5	11+6	5+15	1+4	8+8	5+15	16+3	14+5	8+12
5+15	0+3	1+2	8+9	3+0	2+1	2+17	7+13	8+8	14+5	16+3	5+0		3+1	14+5	6+11	3+2	7+13
2+17	4+5	7+2	16+3	6+7	1+8	8+11	4+13	9+6	2+2	14+5	6+11	4+1	2+17	7+13	8+8	5+14	16+3
11+3	7+5	6+7	4+10	8+6	9+5	2+9	8+12	10+10	4+13	9+10	11+8	16+3	10+6	8+8	1+19	14+5	1+3
5+7	2+12	3+11	7+4	6+6	6+7	10+4	5+13	8+9	15+5	12+8	9+10	4+13	9+7	2+17	7+13	10+5	14+5
8+3		2+6	2+10	5+2		9+2	5+8	4+7	10+4	7+5	5+9	7+8	4+9	9+2	4+10	6+6	10+6
5+7	1+10		3+4			5+7	6+7	5+9	8+3	7+7	10+3	5+8	9+5	5+7	11+3	7+7	5+15
7+6						9+5	6+6	4+10	5+7	4+7	9+5	8+3	4+7	9+5	8+6	4+7	7+13
7+7		2+5	4+4	6+2		7+5	7+8	10+3	7+6	1+13	7+5	4+7	3+11	7+5	5+9	8+6	19+1
5+7						6+7			7+3				8+1	5+9	6+3	5+4	15+3
7+5	4+7	9+5	8+3	4+7	10+4	8+6			3+6					6+7	2+7		5+15
2+17	5+15	16+3	2+7	3+20	3+3	9+10	11+8	16+3	10+6	8+8	1+19	14+5	3+7	4+5	5+1		11+8
7+9	14+5	6+11	7+7	6+7	1+5	1+19	14+5	2+17	7+13	2+2	11+6	5+15	9+5	7+7	4+2		16+3
8+9	7+13	8+8	6+2	6+1	2+4	5+13	9+6	15+5	1+3		3+1	11+8	2+5	4+4	0+6	5+15	10+10
6+11	8+8	1+19	1+7	2+5	6+0	11+8	16+3	10+6	8+8	0+4	1+19	14+5	5+3	2+5	3+3	2+17	9+8
8+9	2+17	7+13	1+6	4+4	3+3	1+19	14+5	3+2	16+3	15+5	13+4	8+9	8+0	4+3	0+6	8+8	11+6
16+3	14+5	16+3	2+5	8+0	11+6	5+15	1+4		0+5	2+17	7+13	8+8	3+4	3+4	11+6	5+15	10+6
4+13	0+1	8+8	1+1	0+2	2+17	7+13	8+8	4+1	1+19	14+5	6+3	7+13	2+0	1+1	14+5	6+11	9+9
11+8	13+5	10+6	9+10	7+9	2+17	11+6	7+13	8+8	5+15	16+3	14+5	8+12	8+9	7+13	8+8	1+0	11+6
8+8	8+8	10+10	7+8	14+5	13+4	9+9	12+8	9+7	2+17	8+9	11+8	5+15	8+11	8+7	10+6	8+8	9+10

leeres Kästchen = weiß

Schlüssel:

15-20 grün	**9-14** hellbraun	**7,8** schwarz	**6** dunkelbraun
5 hellblau	**4** gelb	**3** helles grau	**2** dunkles grau
			1 lila

8. Lohe

Basis Subtraktion

6-5	3-1	8-7	7-5	1-0	8-4	10-6	5-1	10-5	8-3	9-4	6-1	5-0	3-1	6-4	5-4	9-7	8-6
7-5	10-9	6-5	7-1	3-2	6-2	7-2	9-4	6-1	5-0	4-0	7-3	10-5	10-9	7-6	6-5	8-2	5-3
3-1	6-4	5-4	9-7	8-6	9-4	6-1	10-5	8-3	8-4	7-2	9-4	6-1	1-0	8-7	7-5	0-2	4-2
6-3	8-5	3-1	6-5	3-1	5-0		10-3	7-2	6-2	9-2		7-2	6-4	5-4	3-1	7-4	5-2
5-2	4-1	10-9	7-5	10-9	7-2	10-5	8-3	9-4	6-1	5-0	10-5	8-3	7-6	6-5	10-9	8-5	4-0
7-4	5-1	1-0	6-4	5-4	10-7	8-4	10-6	5-0	6-3	3-0	4-0	5-2	8-7	7-5	1-0	10-7	10-6
3-0	7-3	6-0	7-6	6-5	7-4	5-2	6-3	8-5	4-1	7-4	10-7	9-6	5-4	9-7	8-6	6-3	6-2
10-7	6-3	10-9	8-7	7-5	3-0	9-6	10-7	4-1	5-2	5-2	8-5	6-3	2-1	3-2	10-9	5-2	7-4
4-0	7-4	1-0	5-2	8-5	6-5	6-4	5-4	9-7	8-6	2-1	1-0	8-7	7-5	0-2	1-0	5-1	3-0
10-6	9-6	5-4	6-3	7-4	7-5	10-4	3-1	7-6	6-5	10-9	10-9	7-4	8-4	6-5	5-4	7-3	8-5
8-5	5-2	6-5	6-2	4-1	1-0	8-7	7-5	0-2	6-3	9-6	1-0	8-5	6-2	7-5	6-5	6-3	10-7
8-7	7-5	1-0	8-4	3-0	7-6	6-5	10-9	3-1	5-2	7-4	5-4	3-0	6-3	7-6	6-5	10-9	3-1
10-9	2-1	6-5	10-7	4-0	8-7	7-5	1-0	10-9	8-5	6-2	6-5	5-1	9-6	3-1	9-3	5-4	10-9
1-0	9-3	7-5	9-6	10-6	10-9	8-5	6-3	1-0	5-1	10-6	7-5	7-3	10-7	6-4	5-4	6-5	1-0
5-4	6-5	3-1	8-5	6-3	1-0	7-4	6-2	5-4	7-3	9-6	3-1	7-4	8-4	7-6	5-4	6-5	8-6
6-5	7-5	10-9	5-1	5-2	5-4	5-2	4-1	6-5	10-7	3-0	10-9	5-2	6-2	8-7	8-7	7-5	1-0
5-4	9-7	8-6	7-3	7-4	6-5	9-6	4-0	7-5	6-3	7-4	1-0	8-5	10-6	6-5	5-1	5-2	3-1
3-1	8-2	3-1	6-5	7-1	7-5	10-7	10-6	3-1	5-2	4-0	3-1	3-2	10-9	7-5	7-3	7-4	10-4
10-9	5-3	10-9	7-5	4-2	3-1	5-1	3-0	1-0	8-7	7-5	0-2	4-2	8-2	3-1	8-5	8-4	3-1
3-1	6-4	5-4	9-7	8-6	10-9	7-3	6-3	1-0	6-5	6-0	1-0	8-7	7-5	1-0	10-7	6-2	10-9
7-6	6-5	10-9	10-4	2-1	1-0	7-4	8-5	3-1	7-5	5-4	9-7	8-6	10-9	1-0	4-0	6-3	1-0

leeres Kästchen = weiß

Schlüssel:

1,2 dunkelbraun **3** hellbraun **4** orange **5** dunkles orange **6** rot

7 schwarz

9. Witch *Basis Subtraktion*

4-1	10-8	6-3	7-5	9-7	5-2	9-6	10-8	8-4	4-0	10-8	5-2	9-6	7-5	6-4	10-8	9-7	4-1
6-4	9-6	10-3	8-1		4-1	7-5	5-1	6-2	7-3	8-4	6-3	4-1	5-2		10-3	7-0	9-6
6-3	7-0		9-2	8-1	10-3	10-8	7-3	10-6	5-1	4-0	7-5	10-8	10-3	8-1	9-2		7-0
9-6	9-7	8-1		7-0	6-3	5-2	8-4	5-1	10-6	5-1	6-4	4-1	9-7		10-3	8-1	5-2
6-4	10-8	8-6	10-0	7-5	4-1	9-5	7-3	7-1	6-0	10-6	5-1	8-4	9-6	6-4	10-1	10-8	7-5
	5-2	6-3	9-7	9-6	10-6	5-1	4-0	8-2	10-4	8-2	9-5	7-3	6-3	8-6	5-2	9-7	4-1
8-1	10-3	7-5	6-4	10-8	8-2	10-4	6-0	4-1	9-7	8-2	7-1	6-0	7-5	10-8	6-4	8-5	9-6
9-2	9-6	4-1	5-2	6-3	6-2	9-5	8-2	6-0	7-1	10-4	10-6	5-1	4-1	9-7	8-6	6-4	10-8
6-4	9-7	8-6	9-5	7-3	10-6	5-1	4-0	7-3	10-6	5-1	4-0	8-4	9-5	7-3	5-2	9-6	7-5
4-1	7-5	10-8	7-3	10-6	5-1	4-0	9-5	7-3	5-1	4-0	7-3	10-6	5-1	4-0	6-3	4-1	9-7
7-4	5-2	6-3	8-5	9-6	10-9	1-0	5-4	3-2	8-7	7-6	9-8	4-3	7-5	8-6	10-8	7-4	5-2
10-8	9-7	6-4	7-5	4-1	8-7	7-6	9-8	4-3	10-9	1-0	5-4	3-2	9-7	9-6	8-6	4-1	6-4
9-6		9-2	10-3	5-2	5-4							8-7	5-2	6-3	9-7	10-8	7-5
8-1	9-2	10-3		7-0	9-8		10-5	3-2	7-6	6-1		10-9	4-1	6-4	9-6	7-0	
6-3	7-0		8-1	10-8	8-0	5-4	3-2	9-0	10-1	8-7	7-6	10-2	6-3	5-2	8-1	10-3	9-2
4-1	7-5	9-0	6-4	9-7	10-2	9-8	4-3	10-0	9-0	10-9	1-0	8-0	7-5	10-8	9-7		8-1
5-2	8-6	10-8	6-3	9-6	9-1	8-7	7-6	9-0	10-1	4-3	10-9	9-1	9-6	8-5	5-2	6-4	10-1
6-4	9-7	8-6	7-5	10-5	8-0	10-9	1-0	10-0	9-0	5-4	3-2	10-2	6-1	4-1	9-7	10-8	7-5
4-1	5-0	10-5	8-3	7-3	10-6	4-3	3-2	9-0	10-1	9-8	4-3	5-1	4-0	7-2	10-5	8-3	9-6
10-8	10-5	5-0	6-1	7-2	8-3	5-1	4-0	9-8	4-3	8-4	6-2	6-1	5-0	10-5	8-3	7-2	5-2
9-6	7-2	10-5	8-3	9-4	6-1	5-0	10-5	8-4	7-3	6-1	5-0	10-5	6-1	5-0	10-5	10-5	7-4

leeres Kästchen = weiß

Schlüssel:

- **1** rosa
- **2,3** grün
- **4** schwarz
- **5** lila
- **6** grau
- **7** rot
- **8** orange
- **9,10** braun

10. Wither Boss — *Basis Subtraktion*

6-4	5-4	6-5	1-0	6-5	10-4	6-1	10-6	9-5	5-2	7-4	8-4	4-1	3-1	6-4	5-4	10-9	8-6
7-6	2-0	6-5	8-6	7-5	7-1	4-0	8-5	9-6	9-5	5-2	7-4	8-4	10-9	7-6	6-5	2-1	9-7
8-7	8-6	7-5	1-0	5-4	9-6	9-5	5-2	7-4	8-4	4-1	3-0	5-1	1-0	8-7	7-5	8-6	2-1
10-9	8-6	2-1	9-7	7-6	10-7			4-1	5-2			7-3	6-4	5-4	3-1	8-7	7-5
7-2	9-5	8-4	9-6	8-7	9-5	5-2	7-4	8-4	9-6	9-5	5-2	7-4	7-6	10-4	6-1	5-2	7-4
9-6	9-6	5-2	7-4	10-9	10-6	7-3				4-1	10-7	6-5	7-2	7-3	4-1	3-0	
	7-4		5-2	1-0	9-6	9-5	5-2	7-4	9-5	5-2	7-4	8-4	7-5	9-5		7-4	
8-4	4-1	3-0	9-5	5-4	10-4	6-1	8-3	9-4	8-4	4-1	3-0	5-1	5-4	9-6	5-2	3-0	10-7
		9-6	6-5	1-0	8-7	7-5	10-5	3-0	10-9	8-6	2-1	9-7	7-4				
8-3	9-4	5-1	7-4	7-3	10-4	6-1	9-3	6-1	7-3	9-3	5-0	10-4	6-1	8-3	9-4	7-2	7-3
8-6	7-2	9-5	5-2	7-4	8-4	4-1	5-2	9-4	7-2	5-1	3-0	9-5	5-2	7-4	8-4	10-5	6-5
8-7	7-5	1-0	5-4	10-9	8-6	2-1	9-7	5-0	5-2	5-4	3-1	8-7	7-5	10-9	8-6	7-6	2-1
10-9	5-4	10-9	8-6	8-3	9-4	10-4	6-1	10-5	4-1	10-5	8-3	9-4	7-2	2-1	9-7	10-1	5-4
10-1	6-5	2-1	9-7	8-4	4-1	5-2	7-4	8-3	9-4	9-6	9-5	5-2	7-4	8-6	2-1	5-4	10-1
8-7	7-5	8-6	9-0	2-1	9-7	10-1	2-0	6-0	10-7	10-0	10-9	8-6	10-1	3-1	9-0	6-5	8-7
10-9	10-1	1-0	5-4	10-4	6-1	8-3	9-4	10-5	5-1	8-3	9-4	10-4	6-1	2-1	9-7	10-1	10-9
10-9	8-6	10-0	7-6	9-6	9-5	5-2	7-4	9-3	7-2	8-4	4-1	3-0	5-1	8-7	7-5	10-9	8-6
9-0	10-1	10-3	9-1	8-1	10-0	8-0	10-3	6-1	4-0	10-3	9-0	10-0	8-0	10-1	9-0	9-1	10-1
10-2	10-1	10-0	9-0	7-1	10-4	6-1	8-3	9-4	10-7	9-4	7-2	10-4	6-1	9-0	10-1	10-0	9-0
8-1	10-3	10-2	7-0	8-4	4-1	3-0	5-1	10-4	6-1	4-1	5-2	9-6	9-5	10-2	9-1	8-0	8-1
10-2	7-0	8-1	10-3	9-1	8-1	10-3	10-2	6-0	7-3	8-0	10-3	9-1	10-2	7-0	8-1	10-3	9-1

leeres Kästchen = weiß

Schlüssel:

1,2	dunkelblau	3,4	schwarz	5,6	grau	7,8	rot	9,10	gelb

11. Steve

Basis Subtraktion

9-5			7-3	9-5	10-6	5-1	4-0	7-3	10-6	5-1	4-0	8-4	9-5	7-3	10-6		
10-6	9-5	8-4	5-1	7-3	10-2	9-1	8-0	10-2	9-1	9-1	10-2	8-0	6-2				
8-4	4-0				9-1	10-2	8-0	10-2	9-1	10-2	9-1	10-2	10-6	9-5			4-0
7-3				6-2	8-0	5-0	10-4	6-1	8-3	9-4	7-2	8-0	5-1	4-0	8-4	7-3	10-6
5-1	6-2	7-3	8-4	10-6	7-3	10-4	6-1	9-3	6-1	8-2	6-0	9-4	9-5	10-1	9-0	10-1	9-0
7-3	10-6	5-1	4-0	8-4	10-4		6-5	8-2	7-2	10-8		5-0	7-3	6-3	5-2	3-0	4-1
8-4	9-5	10-6	5-1	7-3	7-2	10-4	6-1	10-7	5-2	7-3	8-2	10-5	10-6	4-1	8-5	5-2	10-7
9-5	8-4	6-2	9-0	10-1	6-0	6-1	10-2	7-2	9-3	8-0	10-4	8-3	9-0	7-4	6-3	4-1	8-5
10-1	4-0	10-6	7-4	9-6	8-3	9-3	9-1	8-0	10-2	9-1	6-1	6-0	8-5	5-2	10-7	7-4	6-3
9-6	5-1	8-4	8-5	2-1	6-4	5-4	6-5	1-0	5-4	10-9	8-6	2-1	9-7	5-2	3-0	4-1	7-4
8-5	10-1	7-4	6-3	7-5	7-6	2-0	6-5	8-6	7-5	3-1	6-4	5-4	10-9	7-4	6-3	5-2	10-7
3-0	4-1	5-2	10-7	5-4	8-7	8-6	7-5	1-0	5-4	9-7	7-6	3-1	6-5	3-0	4-1	7-4	9-6
4-1	7-4	9-6	8-5	7-6	10-9	8-6	2-1	9-7	7-6	8-6	7-5	1-0	5-4	5-2	10-7	4-1	8-5
5-2	10-7	7-4	6-3	7-2	3-1	6-4	5-4	10-9	8-6	10-4	6-1	8-3	9-4	7-4	3-0	6-3	5-2
7-4	3-0	4-1	5-2	8-2	10-9	7-6	6-5	2-1	9-7	6-1	9-3	6-1	8-2	6-3	8-5	5-2	10-7
10-3	7-0	10-2	9-2	10-4	1-0	8-7	7-5	8-6	2-1	10-4	6-1	9-4	7-2	10-3	8-1	9-2	10-2
8-1	9-2	7-0	10-3	6-1	6-4	5-4	3-1	8-7	7-5	6-1	9-3	8-2	6-0	7-0	8-0	8-1	9-2
10-3	9-1	8-1	7-0	10-5	8-7	8-6	7-5	1-0	5-4	10-4	8-3	7-2	10-4	10-3	7-0	9-2	8-1
9-2	7-0	10-3	8-0	7-1	10-9	8-6	2-1	9-7	7-6	6-1	6-0	8-2	6-1	10-2	8-1	9-2	10-3
7-0	10-3	9-1	9-2	10-4	7-5	1-0	5-4	6-4	3-1	9-4	7-2	10-4	6-1	9-2	7-0	8-1	9-1
10-2	9-2	7-0	8-1	5-0	2-1	9-7	7-6	3-1	6-5	8-2	5-9	6-1	9-3	8-1	8-0	10-3	7-0

leeres Kästchen = weiß

Schlüssel:

- **1,2** blau
- **3** hellbraun
- **4** hellblau
- **5,6** rosa
- **7** grau
- **8** dunkelbraun
- **9,10** grün

12. Eisengolem

Fortgeschrittene Subtraktion

20-16	12-8	16-13	19-15	17-14	11-7	15-12	10-6	12-8	14-11	13-9	18-15	14-2	19-15	20-8	20-16	16-4	19-7
17-14	15-12	11-7	16-13	13-9	12-10	19-17	13-12	11-10	15-13	17-16	14-13	20-19	16-13	17-14	12-8	18-6	15-3
14-11	19-15	12-8	10-6	20-16	13-7	18-13	11-5	14-8	12-6	16-10	19-14	7-2	13-9	20-16	11-7	13-1	12-0
11-7			17-14	19-15	15-13	11-9	17-16	20-19	19-17	10-9	16-15	11-10	12-8	15-12	20-8	19-15	16-13
			12-8	18-11	20-13	9-2	14-7	12-5	7-0	17-10	15-8	18-15	19-7	14-11	17-14	17-5
20-16	17-14	15-12	16-13	18-15	14-13	19-8	15-4	13-5	16-8	13-2	20-9	13-12	10-6	16-13			12-8	11-7
13-9	12-8	18-15	19-15	20-16	19-18	16-6	12-1	11-3	19-11	14-3	20-10	20-19	20-16				19-15	13-1
16-13	10-6	9-5	11-7	14-11	12-10	17-10	12-5	20-12	14-6	18-11	9-2	19-17					15-12
7-3	20-16	17-14	12-8	15-12	19-17	16-15	15-13	17-9	9-1	12-10	16-15	15-13	17-14	19-15	16-13	13-9	12-8
19-15	4-0	16-13	18-15	13-9	11-9	13-12	20-19	16-8	11-1	17-16	11-10	10-8	12-8	11-7	20-16	10-6	17-14
19-14	7-2	13-4	17-8	12-6	15-10	15-9	20-15	19-11	10-12	10-5	16-10	19-14	7-2	9-3	13-7	18-13	11-5
17-16	20-14	20-19	19-10	11-2	12-11	9-7	16-15	13-7	18-13	20-19	15-13	10-8	17-16	1-0	12-10	7-2	18-9
9-7	13-7	15-13	14-5	18-9	19-18	6-4	11-9	12-6	14-8	19-17	11-9	14-13	12-11	8-6	20-19	20-15	17-16
20-19	14-8	10-1	11-9	19-17	12-3	17-16	19-18	19-14	7-2	10-9	16-15	11-10	19-18	15-13	19-17	9-3	19-17
15-13	9-3	16-7	12-10	15-13	15-6	16-15	13-12	15-9	20-15	12-10	13-12	19-18	20-19	19-17	15-13	19-14	14-13
11-10	19-14	20-11	16-15	9-0	19-18	19-7	6-1	17-16	10-8	13-7	16-15	15-13	16-15	11-9	17-16	18-13	9-7
19-17	12-6	17-8	12-11	14-5	14-13	12-6	10-1	15-13	20-19	16-15	15-10	19-17	12-10	14-13	20-19	14-8	10-9
14-13	10-5	19-10	11-2	19-14	7-2	12-10	16-7	13-12	20-19	2-1	12-11	20-14	6-1	16-10	19-14	13-7	20-19
12-10	15-9	15-13	10-8	16-3	19-10	11-9	20-11	15-13	19-17	8-6	11-9	19-18	15-13	19-17	13-12	12-6	17-16
13-12	7-2	16-15	20-19	13-4	14-5	19-18	10-9	12-10	15-13	19-17	14-13	11-10	16-15	14-13	20-19	19-14	12-10
10-8	6-1	14-13	20-11	13-12	16-15	17-8	15-13	3-1	19-18	11-9	17-16	10-9	20-19	9-7	19-17	15-9	14-13

leeres Kästchen = weiß

Schlüssel:

1,2	helles grau	3,4	hellblau	5,6	hellbraun	7	dunkelbraun
8	dunkelrot	9	grün	10	rot	11	schwarz

12	gelb

15

13. Schneegolem   *Fortgeschrittene Subtraktion*

19-8	13-2	18-4	16-1	19-6	20-5	15-4	17-5	18-7	14-2	19-8	12-1	17-3	16-5	19-6	15-0	20-5	13-2
17-2	19-13	14-2	14-8	17-11	13-4	15-7	9-3	13-2	20-10	19-13	20-5	15-4	15-7	17-5	13-7	16-7	14-2
16-4	13-7	18-7	13-2	10-4	20-10	11-3	16-7	16-1	11-3	16-7	18-8	16-1	20-10	13-2	18-4	12-2	19-8
17-3	18-8	16-1	19-16	16-11	10-9	12-2	13-4	18-4	13-7	13-10	11-6	14-11	11-3	14-8	19-13	15-7	12-1
16-5	15-7	15-4	13-9	15-13	18-15	13-10	19-13	17-3	7-2	10-5	19-16	10-9	14-11	18-7	19-6	20-10	17-5
13-2	20-5	11-6	12-7	14-11	17-13	20-15	18-8	16-4	17-16	10-9	20-15	15-13	18-15	13-10	19-8	17-11	16-1
17-5	19-6	19-16	16-11	10-9	15-13	18-15	18-7	15-4	20-15	13-9	15-13	18-15	13-10	10-9	15-4	13-7	18-4
12-1	19-8	20-15	13-9	15-13	18-15	13-10	18-4	15-0	17-16	8-4	11-6	12-7	14-11	17-13	20-15	19-13	20-5
17-2	15-7	20-15	7-2	19-16	16-11	10-9	14-3	16-1	19-16	16-11	10-9	15-13	18-15	10-5	9-7	18-7	19-6
15-0	11-3	16-7	17-16	8-4	11-6	17-11	19-4	18-3	10-4	18-15	13-10	8-7	17-16	8-4	11-6	13-2	14-2
16-1	20-10	13-7	18-8	14-8	19-13	15-4	16-1	15-0	11-0	19-8	14-3	16-5	18-4	15-7	20-10	11-3	15-4
14-2	17-11	12-2	13-2	16-5	18-3	14-2	17-2	12-1	18-3	16-5	16-4	19-13	13-7	19-6	20-5	17-5	19-8
20-5	15-7	19-6	17-5	19-4	19-8	18-7	16-4	17-3	14-3	15-0	18-7	15-4	17-2	14-2	12-2	16-7	17-3
18-4	13-4	11-6	12-7	19-13	20-15	13-9	18-8	16-7	11-6	12-7	15-7	13-10	14-8	14-11	13-9	17-11	16-1
18-7	13-9	15-13	18-15	13-10	10-9	11-6	12-7	14-11	17-13	20-15	19-16	16-11	10-9	20-15	7-4	20-10	18-7
15-4	9-6	20-15	19-16	16-11	10-9	20-15	13-9	15-13	18-15	13-10	10-9	11-6	12-7	14-11	17-13	20-15	13-2
14-3	20-15	13-9	15-13	18-15	13-10	17-16	8-4	11-6	12-7	14-11	17-13	20-15	13-9	15-13	18-15	13-10	16-5
19-8	12-2	17-13	20-15	14-11	13-7	20-10	18-15	13-10	19-6	11-6	12-7	14-11	17-13	17-5	11-3	19-13	20-5
17-5	19-13	12-7	14-11	18-4	10-4	15-7	14-11	20-5	13-2	13-7	20-10	12-2	13-10	19-6	13-7	15-7	18-4
14-2	11-3	16-7	18-8	18-7	19-13	14-8	17-11	19-8	14-2	17-5	11-3	14-8	16-7	18-7	20-10	12-2	15-0
19-6	17-2	20-5	16-5	13-2	12-1	15-4	17-3	14-3	16-1	16-4	18-4	16-5	17-2	20-5	17-3	19-8	15-4

leeres Kästchen = weiß

Schlüssel:

1-5 dunkelrot   **6-10** gelb   **11-15** orange

14. Enderdrache　　　*Fortgeschrittene Subtraktion*

14-12	13-12	10-9	15-11	10-9	11-10	10-7	13-9	12-8	18-15	14-11	19-15	17-16	14-11	17-13	16-14	11-7	10-9
19-16		18-15	15-13	18-15	12-8	18-3	7-4			20-16	13-9	15-13	10-9	15-13	20-5	15-13	18-15
15-11	10-9	17-13	14-11	17-13	19-15	11-10	17-13			14-11	17-13	20-17	17-2	9-7	13-10	11-7	11-7
15-13	18-15	10-7	10-9	15-13		18-15		15-13					11-10	8-6	10-6	19-16	18-3
14-11	17-13	20-5	15-13	18-15		15-13		10-9					12-8	18-15	10-9	20-16	10-9
10-9	15-13	13-11	19-16	16-12		14-12		18-15					16-14	19-4	13-9	15-13	18-16
15-13	18-15	12-8	15-13	18-15		5-3		17-13					14-12	12-10	8-4	9-6	17-13
19-16	16-12	13-10	11-3	16-7	10-4	20-10	12-2	19-14	14-8	13-7	20-10	10-5	19-14	14-8	16-12	10-9	15-13
8-4	17-2	19-15	16-7	12-8	18-15	10-9	20-16	10-4	20-10	15-13	13-11	19-16	16-12	12-2	8-6	17-2	18-17
12-8	14-11	13-9	13-4	20-3	20-2	19-3	14-11	17-13	19-15	11-10	20-4	18-0	18-1	16-7	15-13	11-7	16-12
16-1	20-16	7-4	12-2	18-1	19-1	18-0	16-0	15-7	9-4	19-2	19-1	20-2	20-3	13-8	9-6	15-13	18-15
19-15	14-11	17-13	13-7	20-10	10-5	19-14	14-8	11-3	16-7	10-4	20-10	12-2	19-14	14-8	10-9	19-15	17-16
12-11	15-13	18-15	10-4	15-7	16-7	18-6	15-4	12-7	13-4	16-2	13-2	15-7	11-3	19-13	16-1	13-9	15-13
11-7	10-9	15-13	19-14	14-8	13-8	18-4	12-0	20-10	12-2	18-4	16-5	11-6	13-7	15-7	12-9	17-13	20-17
16-4	14-0	20-9	11-6	19-13	13-2	14-3	16-3	17-3	12-1	20-9	20-6	18-6	20-10	19-13	12-1	10-4	20-10
17-3	12-1	19-6	13-7	15-7	16-5	19-7	18-4	14-2	15-2	19-6	18-4	18-4	11-3	16-7	15-2	16-2	13-2
20-6	14-2	15-2	20-10	12-2	20-6	16-4	14-0	20-9	20-6	14-2	15-2	14-3	15-7	9-3	20-6	18-4	16-5
18-4	15-4	14-3	11-3	16-7	18-4	17-3	12-1	19-6	18-4	15-4	14-3	19-7	11-6	16-7	18-6	20-9	20-7
12-1	20-9	20-6	20-10	13-8	15-2	18-0	19-1	20-4	19-2	20-2	18-0	16-4	12-2	13-4	18-4	19-6	18-6
19-16	16-12	18-6	17-11	12-7	17-3	12-1	16-4	14-0	14-2	15-2	17-3	12-1	17-11	13-4	14-3	20-17	20-5
15-13	18-15	18-4	19-14	14-8	13-8	11-6	13-7	15-7	11-6	16-7	17-11	13-4	10-4	20-10	19-7	11-7	16-12

leeres Kästchen = weiß

Schlüssel:

1-4 helles grau　　**5-10** dunkles grau　　**11-14** schwarz　　**15** hellblau

16-17 helles rosa　　**18-20** pink

15. Pilzkuh — Basis Multiplikation

3x10	3x7	3x8	13x2	5x5	4x7	2x12	2x11	2x13	8x3	2x12	6x8	5x10	7x7	12x4	8x3	5x5	2x12
5x5	13x2	4x7	11x2	8x3	3x10	3x7	3x8	3x5	5x5	10x5		4x12		6x8	9x5	2x13	7x3
4x12	10x5	6x8	5x3	1x12	7x2	4x3	5x9	2x7	4x7	6x8	9x5	12x4	7x7	5x10		8x3	4x7
9x5	7x7	4x12	3x4	3x5	2x7		5x10	4x3	2x13	5x5	7x7		5x9	4x12	3x10	3x7	3x8
2x4	1x9	12x4	2x7	7x2	10x5	2x5	3x3	3x10	3x7	3x8	2x12	4x10	9x4	12x2	7x4	2x13	5x5
3x3	5x2	5x10	3x4	6x8	7x7	1x8	4x2	9x4	3x12	10x4	7x5	6x6	5x8	8x5	4x10	12x3	5x7
7x7	12x4	6x8	2x21	9x5	4x12	7x7	5x10	8x5	4x10	5x7	5x8	3x12	10x4	3x11	7x5	6x6	9x4
5x9	7x7					10x5	6x8	10x4	7x5	6x6	9x4	11x3	8x5	5x7	3x12	4x10	5x8
5x10		3x3	3x5	4x3	4x2		12x4	5x7	12x3	5x8	4x10	3x12	7x5	9x4	6x6	8x5	10x4
4x12		3x4	7x2	31x1	5x3		9x5	9x4	3x12	6x6	5x7	8x5	12x3	4x10	5x8	7x5	3x11
8x3	4x7	5x5	5x7	6x6	3x11	11x3	4x10	8x5	7x5	10x4	6x6	5x8	3x12	3x11	6x6	9x4	5x7
3x10	3x7	3x8	5x3	8x5	9x4	5x8	6x6	3x12	11x3	3x11	5x7	6x6	4x10	11x3	7x5	10x4	12x3
13x2	2x13	7x3	4x3	3x12	3x11	7x5	12x3	6x6	5x7	9x4	5x3	3x4	7x2	8x5	5x8	5x7	4x10
5x5	7x4	2x12	8x5	6x6	3x11	10x4	5x8	15x1	7x2	15x1	1x13	4x3	2x7	3x5	3x12	9x4	8x5
8x0	3x6	4x4	4x10	3x12	9x4	12x3	2x7	4x3	1x14	3x5	7x2	11x1	5x3	12x1	3x4	5x7	10x4
5x4	4x4	4x5	9x4	5x8	7x5	6x6	4x12	5x10	4x4	4x5	3x6	5x4	18x1	4x4	6x3	4x10	12x3
6x3	2x2	3x6	2x7	5x7	8x5	9x4	6x8	12x4	6x3	1x20	4x4	0x7	5x4	4x5	3x6	3x12	7x5
3x6	5x4	4x4	4x3	12x3	5x7	4x10	10x5	7x7	5x4	3x6	3x1		1x4	4x4	6x3	10x4	5x8
4x4	6x3	3x6	5x3	10x4	7x5	3x12	21x2	9x5	6x3	4x4		5x1	4x5	3x6	5x4	5x7	9x4
4x5	3x6	6x3	7x2	7x5	8x5	9x4	5x9	4x12	3x6	5x4	4x5	3x5	3x4	6x3	4x4	12x3	4x10
3x6	4x4	6x3	9x4	3x12	4x10	5x7	5x10	6x8	5x4	6x3	7x2	4x3	4x4	4x5	3x6	7x5	6x6

leeres Kästchen = weiß

Schlüssel:

41-50	helles rot	31-40	dunkles rot	21-30	hellblau	16-20	grün
11-15	grau	6-10	schwarz	0-5	gelb		

18

16. Zombie

Basis Multiplikation

12x3	5x7	3x1	5x8	6x6	2x7	4x3	1x20	3x5	7x2	11x1	5x3	12x1	11x3	4x10	9x4	1x5	6x6
7x5	9x4	5x7	5x7	8x5	9x2	3x5	1x14	6x3	4x5	2x13	5x5	3x6	5x8	7x5	3x12	4x10	5x8
1x4	4x10	9x4	12x3	3x12	6x3	3x10	3x7	3x8	13x2	5x5	4x7	2x10	7x5	2x2	6x6	8x5	10x4
5x7	3x11	5x8	10x4	6x6	7x3	5x5	13x2	4x7	11x2	8x3	3x10	3x7	10x4	12x3	5x7	1x0	3x11
9x4	11x3	2x2	7x5	3x12	4x7	6x6	8x5	5x5	2x12	3x12	4x10	13x2	12x3	10x4	9x4	7x5	11x3
5x7	8x5	6x6	3x12	1x4	5x5	2x12	7x3	2x7	4x3	13x2	8x3	4x7	6x6	7x5	5x8	12x3	8x5
4x10	0x1	3x12	4x10	5x8	2x13	7x3	3x6	2x13	5x5	7x2	3x7	3x8	9x4	2x2	10x4	3x12	5x1
3x12	7x5	6x6	8x5	10x4	8x3	4x7	2x10	5x3	12x1	4x5	2x13	5x5	4x10	6x6	3x11	4x10	9x4
10x4	4x12	6x7	24x2	7x6	4x12	5x10	5x5	13x2	4x7	11x2	24x2	7x7	4x12	6x8	12x4	10x5	4x10
5x7	6x8	7x6	2x21	9x5	6x8	12x4	7x6	3x7	3x8	10x5	9x5	24x2	10x5	10x5	7x7	21x2	3x11
12x3	5x10	6x8	7x6	2x24	10x5	7x7	24x2	12x4	6x8	2x21	9x5	4x12	7x7	5x10	4x12	6x7	11x3
7x5	4x12	10x5	6x8	6x7	21x2	9x5	2x25	6x7	10x5	6x8	4x12	5x10	24x2	2x24	6x8	7x6	0x3
2x2	2x13	7x3	3x8	13x2	5x9	4x12	6x7	24x2	7x7	4x12	6x8	12x4	4x7	7x3	5x5	8x3	3x12
5x7	5x5	12x1	4x7	11x2	5x10	6x8	7x6	9x5	24x2	10x5	10x5	7x7	3x7	5x5	2x7	3x10	4x10
9x4	11x2	3x6	5x5	2x12	4x12	10x5	6x8	2x24	9x5	21x2	21x2	9x5	2x13	3x8	9x2	13x2	7x5
5x8	2x12	2x10	7x3	2x7	9x5	7x7	4x12	6x7	9x5	2x25	5x9	4x12	12x1	7x3	6x3	5x5	12x3
10x4	8x3	4x7	5x5	9x2	6x7	24x2	10x5	4x12	4x12	6x7	5x10	6x8	3x6	5x5	2x12	4x7	3x12
3x11	3x10	3x7	3x8	6x3	2x21	9x5	21x2	7x7	6x8	7x6	24x2	10x5	2x10	2x13	7x3	3x7	7x5
5x7	13x2	2x13	7x3	4x7	5x10	6x8	7x6	9x5	24x2	10x5	4x12	6x7	3x10	8x3	4x7	2x13	11x3
12x3	5x5	7x4	4x3	5x5	2x3	4x2	2x5	3x3	3x2	1x8	21x2	7x7	8x3	7x2	2x13	7x3	2x2
4x9	2x10	13x2	3x5	7x2	5x2	3x3	3x2	9x1	4x2	2x5	3x3	12x4	3x6	4x5	7x3	12x1	10x4

leeres Kästchen = weiß

Schlüssel:

41-50 hellblau | **31-40** schwarz | **21-30** hellgrün | **11-20** dunkelgrün

6-10 dunkelblau | **0-5** gelb

17. Dorfbewohner — *Basis Multiplikation*

10x3	8x3	4x7	2x13	3x7	7x5	3x13	6x6	8x5	10x4	5x7	5x7	8x5	2x12	8x3	3x10	3x7	8x3
5x5			13x2	10x4	12x3	5x7	6x6	3x11	9x4	12x3	3x12	3x7	3x8				10x3
13x2	2x13	7x3	4x7	3x10	12x3	10x4	9x4	7x5	11x3	5x8	10x4	6x6	7x4				
2x5	3x3	5x5	2x13	3x8	6x6	7x5	5x8	12x3	8x5	4x10	7x5	3x13	5x5	13x2			3x7
1x8	4x2	5x2	7x4	5x5	12x3	2x4	1x9	3x3	8x1	2x5	3x3	12x3	2x13	5x5	10x3	8x3	13x2
2x4	1x9	3x3	8x1	13x2	7x5		7x7	9x4	12x3	25x2		7x5	8x3	4x7	3x3	3x10	4x7
				5x5	2x2	3x12	9x4	0x7	4x1	6x6	10x4	3x1	3x7	2x5	1x10	4x2	3x8
4x2		2x5		4x7	3x1	4x10	5x8	1x4	2x2	5x7	12x3	5x1	2x13				5x5
	3x3		4x4	5x1	7x5	1x7	3x1	9x0	2x5	6x6	8x0	4x4					4x5
2x13	3x6	13x2	2x13	5x4	8x0	12x3	5x7	5x1	1x2	9x4	9x4	1x3	2x13	5x4	4x4	3x6	13x2
4x4	10x5	7x7	24x2	12x4	4x2	3x12	9x4	8x0	1x3	4x10	4x10	9x1	6x7	10x5	6x8	4x12	4x5
5x4	21x2	9x5	2x25	6x7	4x3	5x2	5x7	2x2	11x0	3x11	2x4	3x5	24x2	7x7	4x12	6x8	6x3
3x6	5x9	4x12	6x7	24x2	11x1	7x2	4x2	5x8	12x3	2x5	2x7	12x1	9x5	24x2	10x5	10x5	2x13
13x2	5x10	6x8	7x6	9x5	7x2	1x12	5x3	6x1	3x3	4x3	1x14	5x3	2x24	9x5	21x2	21x2	4x4
6x3	4x12	10x5	6x8	2x24	6x8	12x4	10x5	3x5	8x6	24x2	7x6	4x12	6x7	9x5	2x25	5x9	5x4
4x5	9x5	7x7	4x12	6x7	10x5	7x7	21x2	2x7	4x3	2x21	9x5	6x8	4x12	4x12	6x7	5x10	3x6
3x6	6x7	24x2	10x5	4x12	5x10	4x12	6x7	9x5	5x3	7x6	2x24	10x5	7x7	6x8	7x6	24x2	13x2
13x2	2x21	9x5	21x2	7x7	2x24	6x8	7x6	12x4	7x2	6x8	6x7	21x2	9x5	24x2	10x5	4x12	6x3
4x5	5x4	4x4		15x1	7x2	15x1	1x13	4x3	2x7	3x5	5x3	1x12	7x2	2x13	5x4	13x2	4x5
6x3		2x13	5x4	4x3	1x14	3x5	7x2	11x1	5x3	12x1	3x4	3x5	2x7	3x6		5x4	
4x4	2x13	5x4	13x2	2x7	3x5	5x3	1x12	7x2	4x3	1x14	3x5	7x2	11x1	13x2	4x5	4x4	2x13

leeres Kästchen = weiß

Schlüssel:

41-50	hellgrün	31-40	rosa	21-30	hellblau	16-20	hellgrau
11-15	dunkelgrün	6-10	dunkelbraun	0-5	hellbraun		

18. Skelett

Basis Multiplikation

11x3	12x3	2x2	7x5	10x4	4x12	10x5	6x8	2x24	6x8	12x4	10x5	6x7	12x3	8x5	4x10	0x12	6x6
4x1	6x6	3x11	9x4	12x3	9x5	7x7	4x12	6x7	10x5	7x7	21x2	4x12	9x4	2x2	7x5	5x8	5x7
12x3	8x5	4x10	12x0	6x6	6x7	24x2	10x5	4x11	5x10	4x12	6x7	7x7	6x6	3x11	9x4	7x5	5x8
10x4	9x4	7x5	11x3	12x3	2x21	9x5	21x2	7x7	2x24	6x8	7x6	9x5	12x3	8x5	4x10	5x1	9x4
7x5	18x0	4x10	3x13	7x5	7x7	3x4	5x3	9x5	6x7	7x2	1x12	4x12	10x4	9x4	7x5	11x3	5x8
3x13	6x6	8x5	10x4	5x7	9x5	7x7	21x2	4x4	2x10	5x9	12x4	6x8	7x5	5x8	12x3	8x5	4x10
12x3	5x7	6x6	3x11	9x4	4x12	1x11	4x3	2x7	3x5	13x1	3x4	10x5	11x3	8x0	9x4	8x5	5x7
11x3	7x5	10x4	1x5	3x11	6x8	9x5	7x7	4x12	6x7	10x5	8x6	21x2	8x5	3x11	4x10	3x13	6x6
8x5	10x4	7x7	10x5	7x6	10x5	2x21	9x5	6x8	4x12	4x12	6x7	5x9	7x7	10x5	5x9	6x6	50x0
2x2	12x3	21x2	21x2	6x6	7x7	6x6	3x11	24x2	9x5	3x13	6x6	5x10	11x3	7x7	5x10	3x13	10x4
11x3	6x6	2x25	5x9	5x7	24x2	4x12	6x7	2x25	6x7	7x7	21x2	24x2	8x5	24x2	24x2	12x3	12x3
3x13	12x3	6x7	5x10	7x5	9x5	12x3	8x5	6x7	2x21	7x5	11x3	4x11	8x5	9x5	4x12	7x5	6x6
10x4	7x5	7x6	4x12	10x4	12x4	2x21	10x5	7x6	7x7	4x12	9x5	7x7	3x12	5x9	10x5	5x8	12x3
2x5	3x12	7x7	9x5	12x3	7x7	7x5	11x3	6x8	10x5	6x6	3x11	9x5	6x6	4x12	21x2	2x3	7x5
3x13	6x6	24x2	6x7	6x6	4x12	7x7	21x2	4x12	21x2	4x12	6x7	4x12	3x13	6x8	5x9	10x4	6x6
8x5	2x4	9x5	2x21	12x3	6x8	6x6	3x11	10x5	5x9	8x5	4x10	6x8	5x2	24x2	5x10	12x3	1x7
11x3	12x3	9x5	6x7	7x5	5x7	4x12	6x7	21x2	5x10	7x7	21x2	5x8	9x4	10x5	4x12	6x6	4x10
3x2	6x6	4x12	24x2	11x3	12x3	8x5	4x10	8x6	5x9	3x13	10x4	9x1	4x10	21x2	9x5	12x3	4x2
10x1	5x7	6x8	9x5	8x5	2x21	9x5	6x8	4x12	4x11	6x7	5x10	6x8	13x3	2x25	6x7	3x13	6x6
2x13	5x5	24x2	4x11	2x5	7x6	2x24	10x5	7x7	6x8	7x6	11x4	6x7	2x12	6x7	2x21	8x3	13x2
8x3	4x7	5x9	6x7	13x2	8x6	24x2	7x6	4x11	6x7	9x5	2x25	5x9	3x7	7x6	4x12	3x10	4x7

leeres Kästchen = weiß

Schlüssel:

41-50 helles grau

31-40 blau

21-30 rot

16-20 dunkles grau

11-15 schwarz

6-10 orange

0-5 gelb

19. Tintenfisch   *Fortgeschrittene Multiplikation*

5x20	9x10	22x4	20x5	10x10	9x10	30x3	10x9	25x2	15x6	4x25	20x5	44x2	2x47	10x10	2x49	2x28	30x3
6x15		2x47	12x6	25x3	2x39	11x7	3x25	39x2	20x4	25x3	39x2	32x2	2x32	15x5	6x15	10x10	5x20
15x6	9x10	10x9	25x3	2x39	5x15	4x20	10x6	28x2	11x5	4x11	7x11	2x39	25x3	39x2	44x2	2x47	10x10
	44x2	9x10	12x6	2x32	10x6	2x30	10x6	2x47	4x15	2x23	3x15	5x15	4x17	20x4	20x5	9x10	3x30
25x2	10x10	6x15	7x11	25x3	2x28	15x4	6x15	10x9	2x44	2x28	2x22	2x21	39x2	3x25	41x2	4x22	12x5
20x5		15x6	39x2	3x15	11x5	6x10	30x3	9x10	5x11	10x6	11x4	5x10	4x20	25x3	10x10	9x10	30x3
41x2	2x49	9x10	20x4	2x22	25x2	15x6	5x20	6x15	15x4	2x28	2x25	2x22	3x25	7x11	2x49	44x2	3x30
	6x15	4x22	3x25	11x4	2x15		10x10	10x6	28x2	11x5		9x4	12x4	25x3	6x15	4x11	5x20
2x47	30x3	9x10	25x3	2x25			30x3	2x28	26x2	4x15			2x25	2x39	44x2	2x47	10x10
10x9		20x5	7x11	10x6	28x2	11x5	44x2	11x5	2x30	10x6	28x2	11x5	10x5	2x32	6x15	10x9	30x3
9x10	30x3	41x2	4x17	20x4	4x11	3x15	10x6	22x2	5x11	12x5	2x28	6x10	15x3	25x3	10x10	9x10	44x2
	44x2	10x10	39x2	3x25	2x21	2x22	2x28	15x3	15x4	2x28	11x5	20x5	2x30	32x2	20x5	6x15	10x6
2x49	20x5	2x49	2x32	25x3	5x10	11x4	11x5	4x11	6x10	5x11	25x2	15x6	15x4	25x3	25x2	15x6	41x2
6x15		6x15	25x3	2x39	2x22	2x25	4x15	4x12	10x6	2x30	49x2	28x2	11x7	4x17	20x5	9x10	10x10
30x3	25x2	30x3	4x17	2x32	10x6	28x2	11x5	11x4	2x28	2x44	4x15	7x11	3x25	39x2	41x2	2x25	2x49
	20x5	5x20	39x2	25x3	11x7	2x30	3x25	28x2	11x5	4x17	20x4	7x11	2x39	4x20	10x10	9x10	6x15
30x3	41x2	2x32	6x12	5x15	4x20	39x2	4x17	20x4	7x11	2x39	25x3	39x2	20x4	12x6	25x3	6x15	30x3
44x2		4x17	2x32	4x22	12x6	2x32	2x49	25x3	2x39	10x10	4x17	20x4	2x47	25x3	2x39	44x2	5x20
20x5	2x47	39x2	25x3	9x10	25x3	25x3	6x15	12x6	2x32	3x30	39x2	3x25	10x9	12x6	2x32	20x5	10x10
	10x9	6x12	5x15	6x15	12x6	4x17	44x2	7x11	25x3	6x15	4x20	25x3	9x10	7x11	25x3	41x2	11x4
	9x10	2x32	25x3	44x2	7x11	39x2	6x15	4x20	39x2	30x3	3x25	7x11	6x15	4x17	20x4	10x10	44x2

leeres Kästchen = weiß

Schlüssel:

81-100 hellblau   **61-80** dunkelblau   **41-60** blau   **0-40** schwarz

20. Spinne   *Fortgeschrittene Multiplikation*

5x20	10x10	4x22	10x9	6x15	32x2	7x11		25x3	5x15		2x39	20x4	9x10	30x3	20x5	49x2	22x4
30x3	2x45	20x5	49x2	41x2	11x7	4x20		16x5	2x32		3x25	42x2	8x5	6x15	10x9	10x10	
10x9	22x4	4x10	10x10	3x30		25x3	39x2	32x2	15x5	11x7	5x15	4x20	20x5	4x22	2x44	15x6	5x8
2x48	20x5	6x15	9x10	47x2		4x17	20x4	7x11			25x3	32x2	44x2	2x47	10x10	4x25	9x10
10x4	42x2	10x9	15x6	20x5	12x6	2x11	2x32	6x12	5x15	4x20	5x4	4x17	3x30	10x9	25x4	2x20	2x49
5x20	2x49	10x10	25x2	20x4	25x3	7x11	3x5	32x2	10x8	2x15	2x32	39x2	3x25	4x11	4x22	20x5	6x15
4x20	22x2	32x2	11x4	11x7	15x2	3x25	4x20	12x6	15x5	20x4	7x11	11x2	15x5	10x5	25x3	22x2	20x4
3x25	4x11	7x11	3x15	6x12	2x9	2x32	3x10	7x2	5x5	2x8	32x2	3x6	8x10	2x25	17x4	3x15	5x15
2x32	2x25	20x4	4x22	10x9	4x17	12x6	2x10	4x12	4x4	3x15	17x4	4x20	49x2	10x9	2x32	4x11	39x2
9x10	6x15	20x5	4x12	12x6	25x3	2x39	11x7	32x2	39x2	20x4	11x7	3x25	7x11	2x22	6x15	5x20	10x10
32x2	12x4	3x25	22x2	16x5	7x11		4x12	4x20	12x6	22x2		12x6	32x2	15x3	3x25	5x10	20x4
25x3	5x10	5x15	10x10	43x2	32x2		10x5	39x2	5x15	11x4		25x3	2x49	10x10	16x5	25x2	25x3
22x4	5x20	9x10	12x4	4x20	3x15		25x2	17x4	2x32	15x3		2x25	2x39	4x11	20x5	15x6	9x10
15x5	22x2	17x4	2x25	39x2	4x11	2x32	2x39	9x10	22x4	15x5	20x4	10x5	7x11	2x20	5x15	3x15	32x2
20x4	15x3	32x2	10x5	15x5	2x22	3x25	6x15	10x9	30x3	10x9	25x3	2x20	2x32	10x5	4x20	2x22	17x4
25x3	4x11	4x20	20x5	9x10	3x30	5x20	10x10	10x9	15x6	5x7	2x49	44x2	30x3	4x22	39x2	11x4	3x25
5x15	10x9	4x25	41x2	4x22	6x15	7x5	20x5	6x15	10x9	4x22	6x15	10x10	5x20	2x44	25x2	30x3	11x7
9x10	22x4	20x5	10x10	9x10	30x3	10x9	25x2	15x6	4x25	20x5	44x2	2x47	10x10	4x25	9x10	8x5	2x49
20x2	4x10	5x11	10x6	2x30	4x15	29x2	6x10	2x28	5x12	26x2	18x2	5x11	26x2	4x15	10x6	5x12	11x5
11x5	5x12	15x4	2x28	8x5	20x2	5x11	10x4	26x2	4x15	29x2	10x6	2x26	2x30	28x2	5x7	18x2	6x10
4x15	19x2	28x2	11x5	2x26	5x12	10x6	30x2	15x4	5x8	3x11	2x28	12x5	2x18	6x10	4x15	5x11	12x5

leeres Kästchen = weiß

Schlüssel:

81-100 helles grün	**61-80** grau	**51-60** braun	**41-50** schwarz
31-40 dunkelgrün	**21-30** helles rot	**0-20** dunkelrot	

21. Ozelot   *Fortgeschrittene Multiplikation*

22x4	9x10	15x6	20x5	9x10	3x30	5x20	44x2	2x47	10x10	4x25	9x10	12x4	2x44	2x49	15x3	3x30	25x2
30x3	10x10	4x25					3x30	10x9	25x4	44x2	2x49	30x3	4x11	3x15	12x4	22x2	9x10
15x6	10x9							9x10	11x4	10x5	4x11	2x21	2x22	2x25	15x3	4x22	
10x9									10x9	6x15	10x9	5x10	11x4	10x5	4x11	12x4	
4x25	20x5	49x2					4x25	5x20	10x10	49x2	41x2	15x6	2x22	2x25	15x3	4x12	30x3
30x3	6x15	10x9	2x48	20x5	6x15	9x10	47x2	30x3	2x45	10x10	3x30	4x11	20x5	25x2	20x5	6x15	3x15
10x9	2x44	15x6	20x5	42x2	10x9	15x6	20x5	10x9	22x4	48x2	12x4	2x49	25x2	10x5	42x2	10x9	5x20
2x48	4x20	2x48	7x11	47x2	20x5	9x10	3x30	5x20	10x10	10x9	15x6	44x2	2x49	15x3	30x3	4x22	2x49
2x32	15x2	3x25	11x2	6x12	41x2	4x22	6x15	30x3	20x5	6x15	10x9	4x22	6x15	10x10	5x20	2x44	6x15
4x4	3x3	4x17	5x2	10x2	10x10	9x10	30x3	10x9	25x2	15x6	4x25	20x5	44x2	2x47	10x10	4x25	44x2
39x2	3x4	2x2	3x6	12x6	25x3	2x39	11x7	3x25	39x2	20x4	25x3	39x2	32x2	2x32	2x11	4x20	3x25
3x15	5x3	2x9	4x4	12x4	12x6	2x32	6x5	6x12	2x32	2x15	4x17	20x4	7x11	12x6	5x11	10x6	6x12
5x11	15x4	20x4	11x7	3x25	7x11	25x3	39x2	32x2	12x6	2x32	39x2	3x25	10x3	2x39	15x4	2x28	3x11
4x10	2x28	2x32	39x2	3x25	5x5	4x17	20x4	7x11	2x39	5x6	4x20	25x3	39x2	32x2	28x2	11x5	10x6
10x6	5x12	2x28	2x32	6x12	5x15	4x20	39x2	2x11	20x4	11x7	3x25	7x11	20x4	25x3	26x2	4x15	2x28
28x2	11x5	2x26	5x12	12x2	2x32	5x5	5x11	7x5	5x12	2x28	15x4	3x25	39x2	3x10	2x30	28x2	11x5
10x6	5x7	18x2	28x2	3x25	12x6	15x2	5x12	10x6	30x2	15x4	2x28	6x12	2x15	11x2	5x11	12x5	5x7
2x28	10x6	30x2	15x4	6x12	2x39	10x3	6x10	2x28	5x12	5x7	18x2	12x6	2x32	5x5	15x4	2x28	10x6
11x5	10x6	5x12	2x28	3x10	2x12	28x2	11x5	2x26	28x2	5x12	2x28	12x2	2x14	15x4	6x10	11x5	2x28
5x12	2x28	2x18	26x2	4x15	10x6	5x12	2x28	8x5	20x2	2x18	5x12	10x6	30x2	2x28	7x5	11x3	11x5
26x2	4x15	10x6	5x12	11x5	10x4	5x11	10x6	2x30	4x15	29x2	6x10	2x28	5x12	26x2	10x6	5x12	2x28

leeres Kästchen = weiß

Schlüssel:

81-100 hellblau   61-80 hellbraun   51-60 dunkles grau   41-50 gelb   31-40 rot

21-30 dunkelbraun   11-20 helles grau   6-10 grün   0-5 schwarz

22. Wolf

Basis Division

12:4	30:10	10:2	5:1	20:4	50:10	35:7	30:6	18:6	24:8	50:10	40:8	35:7	20:4	5:1	9:3	40:8	15:3
30:6	40:8	15:3	27:9	5:1	35:7	50:10	40:8	35:7	30:6	3:1	10:2	5:1	15:3	50:10	40:8	35:7	30:6
40:10	12:3	35:7	30:6	40:8	24:6	12:3	5:1	40:8	15:3	10:2	30:10	18:6	35:7	30:6	15:5	50:10	10:2
16:4	32:8	20:4	7:1	42:6	8:2	28:7	49:7	30:6	21:7	50:10	35:7	30:6	40:8	15:3	10:2	5:1	20:4
7:1	42:6	28:4	35:5	14:2	21:3	49:7	7:1	35:5	14:2	21:3	49:7	7:1	42:6	28:4	35:5	14:2	7:1
21:3	49:7	14:2	42:6	28:4	7:1	42:6	28:4	42:6	28:4	49:7	7:1	35:5	14:2	21:3	28:4	14:2	35:5
	3:3	28:7	12:3	8:2	8:8		42:6	28:4	14:2	35:5	14:2	7:1	49:7	7:1	15:3	50:10	40:8
42:6	20:5		10:10		16:4	35:5	28:4	49:7	7:1	35:5	14:2	21:3	28:4	14:2	30:6	5:1	35:7
14:2	24:6				20:5	42:6	21:3	7:1	49:7	42:6	28:4	35:5	14:2	7:1	10:2	21:7	50:10
49:7	12:3	4:4	9:9	1:1	40:10	28:4	35:5	14:2	7:1	49:7	7:1	42:6	28:4	49:7	35:7	30:6	5:1
35:7	30:6	40:8	35:5	14:2	7:1	49:7	14:2	21:3	49:7	7:1	42:6	28:4	42:6	28:4	12:4	18:6	30:6
30:6	21:7	10:2	5:1	35:5	14:2	4:1	12:3	35:7	9:3	3:1	30:6	21:3	49:7	20:5	40:8	15:3	10:2
18:3	30:5	12:2	48:8	42:6	28:4	20:5	16:4	18:3	30:5	12:2	2:1	49:7	7:1	24:6	12:2	36:6	42:7
12:2	6:1	30:5	12:2	28:4	14:2	24:6	12:3	48:8	24:4	14:7		35:5	14:2	12:3	42:7	24:4	6:1
30:5	42:7	48:8	6:1	49:7	7:1	8:2	28:7	42:7	6:1	30:5	6:3	35:5	14:2	28:7	36:6	48:8	42.7
6:1	16:8	42:7	12:2	7:1	49:7	32:8	40:10	30:5	42:7	24:4	6:1	42:6	28:4	40:10	30:5	18:3	36:6
12:6		4:2	48:8	14:2	7:1	16:4	20:5	42:7	6:1	48:8	12:2	7:1	49:7	16:4	36:6	42:7	12:2
30:5	6:3	6:1	42:7	28:7	12:3	24:4	6:1	42:7	24:4	6:1	30:5	24:6	20:5	12:2	18:3	48:8	30:5
48:8	12:2	18:3	30:5	12:2	36:6	42:7	24:4	6:1	42:7	24:4	12:6	42:7	48:8	30:5	12:2	36:6	6:1
42:7	24:4	6:1	12:2	36:6	42:7	24:4	18:3	30:5	12:2	20:10		18:9	12:2	36:6	42:7	30:5	24:4
18:3	30:5	12:2	36:6	42:7	24:4	6:1	48:8	42:7	24:4	6:1	2:1	30:5	36:6	48:8	12:2	36:6	42:7

leeres Kästchen = weiß

Schlüssel:

- **7** helles grau
- **6** grün
- **5** hellbraun
- **4** dunkles grau
- **3** dunkelbraun
- **2** gelb
- **1** schwarz

23. Huhn

Basis Division

9:3	3:1	30:10	18:6	12:4	50:10	10:2	35:7	30:6	40:8	5:1	20:4	5:1	15:5	6:2	24:8	3:1	30:10
21:7	27:9	15:5	6:2	24:8	5:1	20:4	40:8	15:3	35:7	50:10	15:3	50:10	30:10	18:6	21:7	27:9	15:5
6:2	24:8	3:1	30:10	18:6		3:3	35:7	10:2	50:10	30:6	8:8		3:1	30:10	18:6	6:2	24:8
24:4	6:1	42:7	3:1	30:10		10:10	5:1	20:4	5:1	15:3	6:6		48:8	12:4	30:5	18:3	36:6
42:7	24:4	6:1	27:9	15:5	16:4	8:2	28:7	4:1	12:3	8:2	28:7	20:5	6:1	24:8	36:6	42:7	12:2
24:4	18:3	30:5	24:8	3:1	20:5	21:3	49:7	20:5	16:4	35:5	14:2	40:10	12:2	18:6	18:3	48:8	30:5
18:6	35:5	27:9	15:5	12:4	40:10	4:1	12:3	24:6	12:3	4:1	8:2	28:7	27:9	30:10	18:6	35:5	12:4
30:10	7:1	24:8	3:1	24:8	12:3	20:5	16:4	8:2	28:7	20:5	40:10	4:1	24:8	15:5	30:10	7:1	24:8
48:8	21:3	18:3	30:5	14:2	40:8	15:3	10:5	4:2	2:1	16:8	20:4	5:1	28:4	36:6	6:1	21:3	48:8
42:7	24:4	6:1	12:2	35:5	35:7	30:6	12:6	14:7	20:10	19:8	15:3	50:10	21:3	30:5	24:4	30:5	12:2
6:1	48:8	12:2	30:6	42:6	50:10	10:2	2:1	8:4	4:2	20:10	35:7	30:6	7:1	50:10	12:2	48:8	6:1
24:4	6:1	35:7	15:3	28:4	5:1	20:4	15:3	35:7	50:10	20:4	40:8	15:3	14:2	30:6	10:2	42:7	12:2
18:3	50:10	5:1	48:8	21:3	49:7	7:1	42:6	35:5	14:2	42:6	28:4	21:3	28:4	12:2	20:4	30:6	6:1
48:8	30:6	30:5	12:2	49:7	7:1	35:5	28:4	42:6	28:4	14:2	21:3	35:5	14:2	24:4	6:1	15:3	42:7
42:7	10:2	48:8	6:1	35:5	14:2	7:1	42:6	28:4	14:2	49:7	7:1	14:2	28:4	48:8	42.7	35:7	6:1
30:5	20:4	42:7	12:2	28:4	42:6	21:3	28:4	49:7	7:1	28:4	14:2	21:3	42:6	42:7	24:4	5:1	24:4
42:7	6:1	30:5	32:8	42:6	28:4	35:5	14:2	7:1	42:6	14:2	7:1	28:4	49:7	6:1	48:8	12:2	42:7
24:6	24:4	48:8	18:3	30:5	40:10	12:3	6:1	30:5	18:3	36:6	24:6	12:3	48:8	24:4	6:1	28:7	12:2
6:1	42:7	4:1	6:1	12:2	16:4	32:8	24:4	28:7	42:7	12:2	8:2	28:7	36:6	24:6	12:2	42:7	24:4
30:5	12:2	30:5	12:2	36:6	24:6	12:3	12:2	18:3	48:8	30:5	40:10	4:1	18:3	48:8	30:5	6:1	40:10
12:3	24:4	48:8	4:1	12:3	8:2	28:7	20:5	24:4	6:1	16:4	8:2	28:7	20:5	40:10	6:1	32:8	36:6

leeres Kästchen = weiß

Schlüssel:

7 dunkles grau   **6** grün   **5** helles grau   **4** orange

3 blau   **2** rot   **1** schwarz

24. Schaf *Basis Division*

18:6	21:7	27:9	15:5	30:10	18:6	6:2	24:8	18:6	21:7	27:9	15:5	30:10	18:6	6:2	24:8	30:10	18:6
27:9	15:5	30:10	36:6	24:4	48:8	18:3	30:5	6:1	30:5	18:3	36:6	42:7	24:4	36:6	18:6	6:2	24:8
15:3	6:2	24:8	6:1	42:7	30:5	6:1	12:2	24:4	36:6	42:7	12:2	6:1	48:8	12:2	21:7	40:8	30:10
30:6	40:8	5:1	12:2	40:10	4:1	12:3	24:6	12:3	8:2	28:7	12:3	20:5	16:4	24:4	10:2	50:10	30:6
15:3	35:7	50:10	30:5	24:6	12:3	4:1	8:2	28:7	24:6	12:3	4:1	8:2	28:7	18:3	20:4	5:1	15:3
40:8	49:7	7:1	6:1	3:3	1:1			8:2	28:7			4:4	2:2	6:1	21:3	35:5	20:4
35:7	7:1	35:5	24:4	8:8	10:10			40:10	4:1			7:7	9:9	12:2	7:1	14:2	50:10
50:10	14:2	7:1	18:3	24:6	12:3	40:10	4:1	12:3	24:6	12:3	4:1	8:2	28:7	30:5	14:2	21:3	30:6
5:1	42:6	21:3	12:2	8:2	28:7	12:3	20:5	16:4	8:2	28:7	20:5	40:10	4:1	6:1	7:1	28:4	15:3
15:3	28:4	21:3	30:5	18:3	36:6	28:7	30:10	21:7	6:2	15:5	40:10	24:4	6:1	42:7	14:2	42:6	50:10
30:6	21:3	35:5	36:6	42:7	12:2	4:1	18:6	18:6	27:9	24:8	12:3	42:7	24:4	6:1	28:4	14:2	5:1
10:2	7:1	14:2	18:3	48:8	30:5	24:6	8:4	16:8	4:2	6:3	16:4	24:4	18:3	30:5	14:2	49:7	40:8
20:4	14:2	21:3	42:7	24:4	6:1	16:4	8:2	28:7	20:5	40:10	4:1	24:4	30:5	12:2	7:1	35:5	35:7
50:10	7:1	28:4	6:1	48:8	12:2	24.4	48:8	12:2	42:7	30:5	6:1	18:3	48:8	6:1	14:2	7:1	10:2
30:6	42:6	7:1	28:4	14:2	49:7	7:1	14:2	42:6	28:4	21:3	28:4	28:4	42:6	21:3	28:4	49:7	20:4
15:3	21:3	28:4	49:7	7:1	28:4	14:2	21:3	14:2	21:3	35:5	14:2	42:6	28:4	35:5	14:2	7:1	5:1
50:10	10:2	30:5	48:8	12:2	42:7	24:4	6:1	20:4	5:1	48:8	24:4	30:5	36:6	42:7	12:2	10:2	50:10
5:1	20:4	6:1	36:6	42:7	12:2	30:5	24:4	15:3	50:10	24:4	18:3	6:1	18:3	48:8	30:5	20:4	30:6
40:8	5:1	24:4	18:3	48:8	30:5	24:4	18:3	35:7	30:6	48:8	12:2	24:4	42:7	30:5	6:1	5:1	40:8
35:7	50:10	30:6	12:3	20:5	16:4	4:1	20:4	40:8	15:3	35:7	8:2	28:7	20:5	40:10	10:2	15:3	50:10
10:2	30:6	40:8	2:2	9:9	8:8	5:5	10:2	5:1	20:4	40:8	3:3	7:7	10:10	6:6	20:4	35:7	30:6

leeres Kästchen = weiß

Schlüssel:

7 dunkles grau **6** hellgrau **5** grün **4** hellbraun

3 rosa **2** rot **1** schwarz

25. Schwein *Basis Division*

30:5	6:1	12:2	30:5	42:7	36:6	12:2	24:4	48:8	24:4	30:5	18:3	24:4	42:7	6:1	30:5	18:3	24:4
18:3	30:5	36:6	6:1	48:8	18:3	6:1	48:8	24:4	30:5	18:3	24:4	42:7	6:1	30:5	42:7	18:3	6:1
48:8	24:4	30:5	18:3	21:3	35:5	14:2	21:3	49:7	7:1	21:3	14:2	7:1	42:6	6:1			
6:1				7:1	14:2	28:4	21:3	7:1	35:5	35:5	42:6	21:3	28:4				
30:5	18:3			14:2	7:1	42:6	35:5	14:2	7:1	14:2	21:3	35:5	14:2	18:3	24:4	42:7	6:1
18:3	30:5	36:6	6:1	42:6	21:3	28:4	14:2	42:6	21:3	21:3	7:1	14:2	28:4	42:7	18:3	6:1	24:4
42:7	36:6	12:2	24:4	7:1	8:4		21:3	49:7	35:5	35:5		12:6	14:2	48:8	24:4	30:5	18:3
48:8	18:3	30:5	18:3	21:3	28:4	28:4	49:7	7:1	14:2	42:6	21:3	42:6	21:3	30:5	6:1	12:2	30:5
24:4	42:7	6:1	30:5	28:4	21:3	49:7	18:6	15:5	27:9	6:2	35:5	14:2	49:7	48:8	18:3	6:1	48:8
48:8	5:5	12:2	48:8	42:6	28:4	21:3	4:1	6:2	9:3	28:7	14:2	49:7	35:5	12:2	30:5	32:8	2:2
50:10	20:4	5:1	30:6	14:2	21:3	35:5	15:5	24:8	30:10	18:6	21:3	28:4	28:4	20:4	15:3	35:7	20:4
5:1	50:10	15:3	15:3	21:3	49:7	7:1	42:6	28:4	14:2	42:6	28:4	21:3	49:7	50:10	1:1	12:3	15:3
40:8	16:4	20:4	40:8	49:7	7:1	35:5	28:4	49:7	7:1	14:2	21:3	35:5	14:2	30:6	8:2	28:7	35:7
35:7	28:7	30:6	35:7	35:5	14:2	7:1	42:6	10:2	50:10	49:7	7:1	14:2	28:4	15:3	30:6	4:1	40:8
10:2	5:1	6:6	50:10	49:7	42:6	21:3	28:4	9:9	5:1	28:4	14:2	21:3	42:6	50:10	35:7	20:4	5:1
16:4	15:3	20:4	5:1	28:4	14:2	42:6	49:7	20:4	8:2	35:5	7:1	35:5	14:2	5:1	20:5	50:10	40:10
30:6	35:7	50:10	15:3	49:7	7:1	14:2	21:3	15:3	20:4	14:2	28:4	42:6	28:4	40:8	15:3	30:6	12:3
15:3	12:3	24:6	30:6	28:7	14:2	8:2	42:5	35:7	50:10	20:5	21:3	40:10	42:6	35:7	30:6	4:4	20:4
40:8	16:4	8:2	10:2	50:10	10:2	35:7	30:6	40:8	5:1	20:4	5:1	20:4	40:8	10:2	5:1	30:6	15:3
35:7	35:7	30:6	20:4	5:1	8:2	28:7	10:2	5:1	50:10	16:4	35:7	30:6	32:8	20:4	40:10	4:1	35:7
50:10	10:2	35:7	30:6	40:8	5:1	20:4	5:1	32:8	5:1	20:4	15:3	35:7	50:10	5:1	40:8	15:3	40:8

leeres Kästchen = weiß

Schlüssel:

7 dunkles rosa **6** hellblau **5** dunkles braun **4** hellbraun

3 helles rosa **2** schwarz **1** grün

26. Pferd

Fortgeschrittene Division

10:2	18:3	20:4	15:3	2:1	6:1	12:2	25:5	40:8	50:10	15:3	5:1	75:15	100:20	18:3	20:4	50:10	5.1
36:6	20:5	80:20	18:3	5:1	75:15	100:20	28:7	24:6	90:15	18:3	20:4	15:3	25:5	40:8	10:5	90:15	48:24
75:15	8:2	16:4	12:2	24:6	40:10	18:3	32:8	35:9	36:6	25:5	40:8	32:32	18:3	20:4	15:3		36:6
45:5	40:10	24:6	81:9	36:4	60:6	9:1	80:20	20:5	63:7	16:8	18:3	5:1	75:15	100:20	24:12	40:8	80:40
18:2	50:5	9:1	54:6	30:3	72:8	63:7	60:6	100:10	90:9	6:1	10:2	20:4	50:25	18:3	5:1	75:15	100:20
81:9	36:4	60:6	27:3	45:5	20:2	18:2	30:3	72:8	10:1	75:15	60:30	18:3	20:4	15:3	25:5	40:8	50:10
63:7		4:1	60:6	9:3	9:1	81:9	24:6		81:9	18:3	5:1	75:15	100:20	27:27	18:3	8:4	90:15
18:2		24:6	72:8	20:2	12:4	54:6	20:5		54:6	35:5	12:2	25:5	40:8	50:10		25:5	40:8
81:9		35:9	20:2	36:12	81:9	36:4	8:2		27:3	8:1	100:20	18:3	20:4	18:9	75:15	1:1	100:20
54:6		20:5	50:5	90:30	60:20	30:3	40:10		60:6	56:8	63:7	5:1	75:15	12:3	18:3	20:4	15:3
36:4	30:3	72:8	36:4	45:15	60:6	45:5	50:5	9:1	72:8	49:7	7:1	72:9	42:6	21:3	24:3	40:5	28:4
5:1	45:5	20:2	9:1	72:8	75:25	50:5	36:4	60:6	35:5	28:4	64:8	49:7	70:10	8:1	35:5	56:8	63:7
20:4	18:2	50:5	60:6	15:5	63:7	36:4	100:10	90:9	49:7	70:10	8:1	35:5	63:7	50:5	42:6	21:3	24:3
40:8	81:9	36:4	100:10	60:6	18:2	9:1	72:8	10:1	70:10	8:1	45:5	20:2	18:2	36:4	9:1	60:6	21:3
18:3	20:4	63:7	72:8	33:11	81:9	60:6	50:5	21:3	24:3	54:6	30:3	72:8	63:7	9:1	45:5	20:2	18:2
10:2	18:3	18:2	90:9	54:6	54:6	100:10	36:4	42:6	21:3	24:3	18:2	30:3	72:8	60:6	81:9	36:4	9:1
75:15	75:15	81:9	10:1	36:4	60:6	72:8	9:1	7:1	72:9	42:6	21:3	36:4	60:6	100:10	63:7	8:1	35:5
6:3	25:5	54:6	16:4	30:3	72:8	35:9	60:6	24:3	40:5	28:4	42:6	21:3	7:1	72:9	49:7	70:10	8:1
100:20	18:3	72:8	24:6	45:5	20:2	20:5	100:10	21:3	7:1	72:9	70:10	8:1	35:5	70:10	8:1	35:5	24:3
50:10	30:15	50:5	100:10	36:4	9:1	63:7	72:8	72:9	42:6	21:3	42:6	21:3	24:3	40:5	28:4	21:3	8:1
90:15	5:1	12:2	25:5	40:8	42:6	21:3	7:1	24:3	49:7	70:10	8:1	21:3	7:1	72:9	42:6	49:7	24:3

leeres Kästchen = weiß

Schlüssel:

9,10 hellbraun **7,8** dunkelbraun **5,6** grün **4** schwarz **3** rosa

1,2 gelb

27. Hase

Fortgeschrittene Division

90:15	18:3	20:4	15:3	25:5	42:6	18:3	5:1	75:15	100:20	28:4	6:1	12:2	25:5	40:8	50:10	15:3	5:1
40:8	45:15	25:5	40:8	70:10	36:12	24:3	90:15		72:9	15:5	8:1			18:3			
15:5	12:4	36:12	90:15	8:1	90:30	21:3			21:3	33:11	72:9						20:4
90:30		33:11	60:20	24:3	45:15	8:1	18:3	20:4	7:1	36:12	8:1	25:5	40:8			75:15	100:20
36:12		45.15	9:3	21:3	12:4	7:1	75:15	100:20	72:9	90:30	24:3	90:15	18:3	20:4	15:3	25:5	40:8
12:4	8:2	90:30	18:3	72:9	60:20	42:6	25:5	40:8	8:1	12:4	8:1	10:2	50:10	15:3	18:3	20:4	15:3
75:15	16:8	5:1	75:15	24:3	9:3	72:9	18:3	20:4	24:3	60:20	24:3	40:8	81:9	63:7	100:10	36:4	81:9
25:5	20:10	20:4	21:3	7:1	72:9	70:10	5:1	75:15	70:10	8:1	35:5	24:3	18:2	90:9	54:6	54:6	100:10
18:3	14:7	40:8	72:9	42:6	21:3	42:6	21:3	24:3	40:5	28:4	21:3	8:1	81:9	10:1	36:4	60:6	72:8
4:2	22:11	18:3		1:1	7:1	72:9	42:6	21:3	24:3	40:5	35:35		18:2	50:5	9:1	54:6	30:3
44:22	36:18	10:2		18:18	64:8	49:7	70:10	8:1	35:5	56:8	7:7		81:9	36:4	45:5	27:3	45:5
66:33	46:23	75:15		49:49	8:1	35:5	21:3	7:1	72:9	70:10	22:22		72:8	63:7	60:6	100:10	90:9
100:20	70:35	20:4	8:1	35:5	72:9	42:6	72:9	42:6	21:3	8:1	21:3	8:1	20:2	18:2	30:3	72:8	10:1
24:6	90:45	22:11	49:7	70:10	8:1	12:4	45:15	36:12	15:5	24:3	40:5	28:4	9:1	45:5	36:4	30:3	63:7
20:5	100:50	16:8	8:1	35:5	24:3	60:20	12:4	90:30	33:11	21:3	7:1	72:9	63:7	18:2	9:1	45:5	90:9
8:2	2:1	16:4	28:4	21:3	8:1	8:1			56:8	72:9	42:6	21:3	18:2	81:9	60:6	50:5	10:1
40:10	24:6	28:7	42:6	49:7	24:3	72:9	70:10	5:1	70:10	24:3	49:7	70:10	81:9	63:7	100:10	36:4	81:9
16:4	20:5	46.23	24.6	35:9	32:8	4:1	36:4	63:7	60:6	100:10	90:9	36:4	54:6	18:2	72:8	9:1	54:6
45:15	8:2	40:10	33:11	20:5	70:35	24:6	9:1	18:2	30:3	72:8	10:1	18:2	36:4	81:9	90:9	60:6	27:3
16:4	16:8	20:5	80:20	28:7	24:6	35:9	72:8	45:5	36:4	30:3	63:7	81:9	30:3	54:6	10:1	100:10	60:6
24:6	80:20	8:2	16:4	32:8	35:9	60:6	81:9	63:7	100:10	36:4	81:9	54:6	20:5	36:4	9:1	72:8	72:8

leeres Kästchen = weiß

Schlüssel:

9,10 dunkelbraun **7,8** hellbraun **5,6** hellblau **4** hellgrün **3** rosa

2 dunkelgrün **1** schwarz

28. Zombie Pigman — *Fortgeschrittene Division*

90:9	9:1	45:5	90:9	30:3	72:8	36:12	9:3	25:5	40:8	12:2	12:2	63:7	100:10		10:1	81:9	18:2
10:1				18:2	9:1	90:30	12.4	75:25	50:10	90:15	54:9	81:9	10:1	36:4	60:6	72:8	45:5
45:5				81:9	60:6	45:15	60:20	15:5	15:3	24:4	72:12	18:2	50:5	9:1	54:6	30:3	18:2
50:5				100:10	90:9	17:17	6:6	5:1	30:5		23:23	60:6	81:9	63:7	100:10	36:4	
36:4	63:7	60:6	100:10	90:9	36:4	75:25	90:30	75:15	24:4	12:2	100:20	54:6		9:1	45:5	36:4	30:3
9:1	18:2	30:3	72:8	10:1	18:2	9:3	8:4	10:2	32:16	54:9	6:1	20:2	18:2	30:3	72:8	10:1	81:9
72:8		18:2	9:1	45:5	90:9	12.4	36:12	33:11	20:4	72:12	30:6	9:1	45:5	36:4	30:3	63:7	18:2
30:3	63:7	81:9	60:6	50:5	10:1	60:20	45:15	35:7	45:9	55:11	60:12	63:7	18:2	9:1	45:5	90:9	60:6
45:5	27:3	45:5	60:10	18:3	6:1	42:7	50:10			40:8	75:15	18:3	30:5	48:8	36:4	30:3	63:7
60:6	100:10	90:9	90:15	24:4	18:3	5:1				78:13	10:2	60:10	24:4	18:3	63:7		45:5
30:3	72:8	10:1	36:6	30:5	48:8	75:15	60:12				30:5	6:1	90:15	42:7	60:6	50:5	10:1
36:4	30:3	63:7	42:7	54:9	18:3	10:2			45:9	5:1	24:4	12:2	30:5	48:8	100:10	36:4	81:9
9:1	45:5	90:9	18:3	30:5	48:8	60:10	20:4		66:11	12:2	75:15	54:9	18:3	24:4	72:8	9:1	54:6
35:5	21:3	7:1	24:4	35:7	54:9	42:7	40:8	12:2	55:11	90:15	10:2	72:12	100:20	6:1	70:10	5:1	75:15
75:15	70:10	8:1	48:8	24:4	66:11	10:2	50:10	54:9	75:15	24:4	60:12	42:7	54:9	60:10	42:6	21:3	24:3
24:3	40:5	28:4	18:3	42:7	72:12	54:9	15:3	72:12	10:2	54:9	5:1	24:4	66:11	90:15	72:9	42:6	21:3
21:3	24:3	40:5	12:2	45:9	5:1	20:4	30:5	60:12	54:9	60:10	75:15	45:9	55:11	48:8	49:7	70:10	8:1
8:1	35:5	56:8	90:15	54:9	60:10	45:9	24:4	75:15	78:13	42:7	10:2	42:7	24:4	78:13	35:5	21:3	7:1
7:1	72:9	70:10	24:4	78:13	42:7	28:7	24:6	20:5	80:20	4:1	24:6	54:9	66:11	18:3	42:6	72:9	42:6
42:6	21:3	8:1	35:5	21:3	7:1	32:8	35:9	8:2	16:4	24:6	20:5	24:3	40:5	28:4	70:10	8:1	75:15
49:7	70:10	42:6	72:9	42:6	8:1	80:20	20:5	40:10	24:6	35:9	8:2	21:3	8:1	35:5	40:5	28:4	24:3

leeres Kästchen = weiß

Schlüssel:

9,10 dunkelblau   **7,8** grau   **6** rosa   **5** dunkelgrün   **4** dunkelbraun

3 hellgrün   **2** pink (oder dunkles rosa)   **1** schwarz

29. Kuh — *Gemischt*

2x30	93:3	5x7	5x11	80-25	2x30	34+21	29x2	69-18	2x28	23+33	26x2	62-7	5x11	5+55	60-26	93:3	6x10
30+30	20x2	2x18	27+27	10x6	30+30	4x15	50+1	10x6	80-20	5x12	11+44	2x30	43+9	10x6	5x7	3x12	34+21
28x2	11x3	60-26	15x4	87-31	28x2	55+4	12x5	16+40	15x4	76-25	6x10	12+41	30x2	90-36	2x18	80:2	4x15
80-20	8x5	5x10	11x4	53-8	47+3	12x4	8x5	15+16	80:2	20x2	6+31	60-26	93:3	15x3	4x12	50-15	55+4
15x4	7x5	2+44	51-9	44+6	2x25	15x3	7x5	93:3	50-15	11x3	20x2	12x3	49-4	30+13	51-9	8x5	80-25
5x11	50-15	3x16	45+5	4x11	5x10	22x2	5x7	3x12	60-26	18x2	11x3	4x11	25x2	77-27	45+5	7x5	10x6
43+9	10x6	3x12	60-26	18x2	23+23	51-9	2x18	6+31	12x3	3x11	30+12	2x21	8x5	5x7	80:2	6x10	87-31
30x2	90-36	6+31	12x3	3x11	51-9	45+5	15+16	20x2	5x8	3x15	99-56	5x10	7x5	2x18	50-15	34+21	5+55
23+33	26x2	64:8	4+6		45+5	12x4	93:3	11x3	13+33	2x22	87-40	2x22		3+7	60:6	4x15	10x6
5x12	11+44	49:7	3x3		34+8	2x25	3x12	53-8	51-9	11x4	2x25	15x3		36:6	2x5	55+4	23+33
76-25	6x10	36:4	40:5		4x11	10x5	49-4	44+6	45+5	2x25	63-21	51-9		81:9	64:8	80-25	5x12
2x30	34+21	15x3	4x12	44+6	2x25	15x3	5x10	11x4	12x4	49-4	25x2	45+5	20+25	3x16	22x2	10x6	76-25
30+30	4x15	51-9	5x10	11x4	8x5	5x7	93:3	20x2	3x11	5x7	60-26	8x5	5x10	11x4	15x3	87-31	2x30
28x2	55+4	45+5	13+33	2x22	7x5	2x18	3x12	11x3	2*20	2x18	12x3	7x5	5+45	44+6	4x11	12+41	30+30
5x11	80-25	11+37	8x5	50-16	16:4	30:6	6*5	44:2	3*9	2*12	20:4	30:3	93:3	5x7	4x12	27+27	10x6
27+27	10x6	53-8	7x5	20x2	40:8	2X2	3*10	69:3	50-27	11+13	27-25	1+1	3x12	2x18	4x11	17x4	64-3
15x4	87-31	44+6	60-27	11x3	44:2	3*9	2*12	6*5	3*10	69:3	50-27	46:2	11*3	80:2	10+34	44+23	11x7
33:3	2*10	2x25	5x7	93:3	9*3	3*10	48:2	3*8	44:2	11+13	50:2	50-27	8x5	50-15	3x15	32x2	80-1
75:5	9+9	63-21	2x18	3x12	3*8	44:2	3*9	50:2	69:3	3*9	2*12	6*5	7x5	31+6	44+6	99-20	4x20
30-11	21-10	3*5	2*9	4x20	60+12	3x25	99-20	39x2	80-1	12x6	45+21	5x15	70-9	2x32	88-22	39x2	88-9
11+5	3*6	90-75	8+6	41+21	17x4	57+22	11x7	64-3	32x2	61+1	17x4	44+23	12x6	58+19	12x6	57+22	17x4

leeres Kästchen = weiß

Schlüssel:

1-5 dunkelrot 6-10 schwarz 11-20 grün 21-30 rosa 31-40 grau

41-50 hellbraun 51-60 blau 61-79 dunkelbraun

32

30. Endermilbe *Gemischt*

60+12	39x2	88-9	16:4	20:4	30:3	45+21	5x15	70-9	2x32	88-22	32x2	80-1	17x4	60+12	40:5	3x25	4+6
30-11	21-10	3*5	2*9	27-25	11+5	3*6	90-75	8+6	93:3	17x4	99-20	4x20	5x15	17x4	64-3	49-4	3x3
7x5	2x18	3x12	11x3	2*20	2x18	12x3	7x5	3x12	45+21	5x15	39x2	88-9	5+45	44+23	11x7	57+22	40:5
3x11	5x7	60-26	8x5	93:3	5x7	8x5	50-16	11*3	17x4	23+23	57+22	17x4	60+12	32x2	80-1	70-9	64-3
45+21	7x5	31+6	2x18	3x12	80:2	60-27	11x3	2x32	88-22	39x2	80-25	2x30	11+13	99-20	4x20	22x2	11x7
17x4	39x2	64-3	5x7	60-26	8x5	80-1	12x6	58+19	12x6	57+22	10x6	30+30	3*9	39x2	88-9	41+21	80-1
5x10	64-3	11x7	4x20	99-56	45+21	32x2	61+1	69:3	34+21	29x2	87-31	28x2	2x30	34+21	44:2	45+21	4x20
32x2	88-22	3x15	41+21	87-40	17x4	39x2	88-9	11+13	4x15	50+1	43+9	10x6	30+30	4x15	69:3	17x4	88-9
39x2	12x6	57+22	45+21	2x25	6x10	34+21	5+55	28x2	55+4	12x5	50:2	30x2	90-36	2x30	34+21	26x2	3x3
57+22	12x6	58+19	17x4	63-21	34+21	4x15	10x6	5x11	6x10	87-31	2*12	23+33	26x2	30+30	4x15	11+44	40:5
11x7	60:6	44:2	5x12	25x2	3*9	55+4	23+33	27+27	87-31	50-27	10x6	5x12	44+11	28x2	55+4	3*10	48:2
36:6	2x5	9*3	76-25	11x4	3*10	80-25	5x12	15x4	43+9	6*5	16+40	76-25	6x10	5x11	80-25	44:2	3*9
11x7	17x4	39x2	88-9	5x10	64:8	11x7	4x20	60+12	3x25	99-20	39x2	80-1	12x6	57+22	40:5	45+21	5x15
80-1	44+23	57+22	17x4	2x22	80-1	25x2	49:7	5x15	41+21	17x4	57+22	11x7	64-3	12x4	88-22	39x2	88-9
4x20	32x2	87-40	11x7	15x3	63-21	51-9	11x7	40:5	45+21	5x15	70-9	2x32	88-22	44+23	12x6	58+19	5x10
11x4	99-20	22x2	34+8	51-9	25x2	5x10	39x2	2x32	87-40	17x4	64-3	17x4	44+23	12x6	58+19	12x6	57+22
88-9	39x2	51-9	4x11	5x10	11x4	12x4	64-3	17x4	64-3	58+19	60:6	63-21	2x32	40:5	2x25	39x2	88-9
17x4	57+22	44+6	2x25	12x4	49-4	12x6	88-22	44+23	11x7	2x25	64:8	4+6	17x4	64-3	80-1	57+22	17x4
60:6	45+21	99-20	10x5	47+3	11x7	40:5	12x6	32x2	80-1	99-20	49:7	64-3	44+23	11x7	32x2	45+21	60:6
11x7	17x4	39x2	45+21	2x25	17x4	64-3	99-56	99-20	4x20	39x2	61+1	40:5	88-9	47+3	39x2	17x4	88-22
64:8	81:9	57+22	17x4	5x10	44+23	11x7	57+22	39x2	88-9	57+22	17x4	64-3	17x4	44+23	12x6	81:9	64:8

leeres Kästchen = weiß

Schlüssel:

1-5 rot · **6-10** schwarz · **11-20** orange · **21-30** helles lila · **31-40** gelb

41-50 dunkles grün · **51-60** dunkles lila · **61-79** helles grün

1. Minecrafter in Diamantrüstung

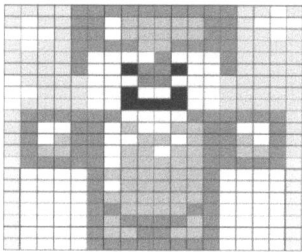

5. Enderman

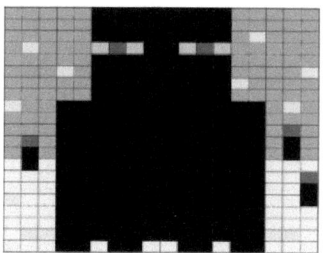

2. Ghast

6. Creeper

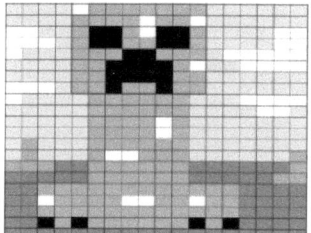

3. Alex

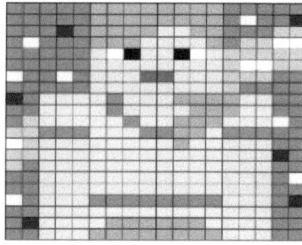

7. Fuchs (aus einer Tier Mod)

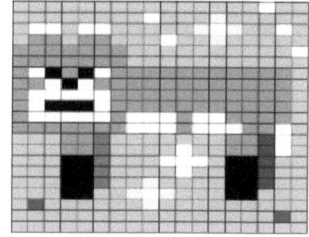

4. Herobrine

8. Lohe

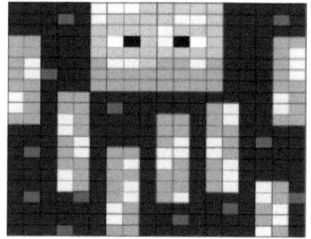

9. Hexe

10. Wither Boss

11. Steve

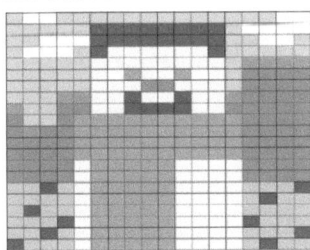

12. Eisengolem

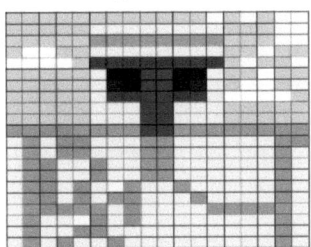

13. Schneegolem

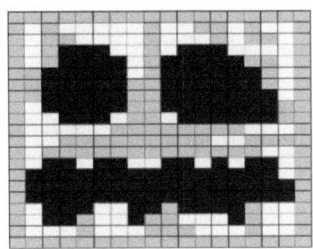

14. Enderdrache

15. Pilzkuh

16. Zombie

17. Dorfbewohner

18. Skelett

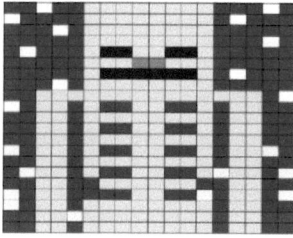

19. Tintenfisch

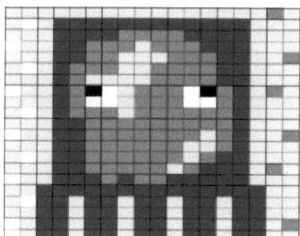

20. Spinne

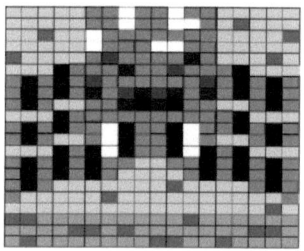

21. Ozelot

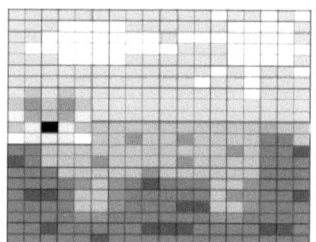

22. Wolf

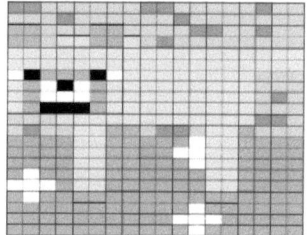

23. Huhn

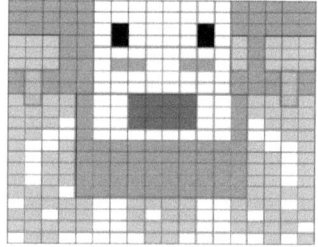

24. Schaf

25. Schwein

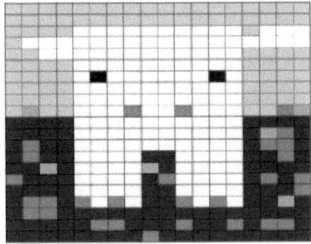

26. Pferd

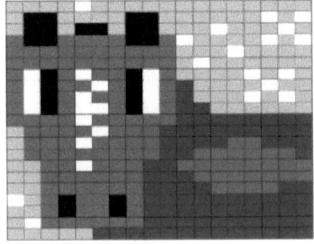

27. Hase

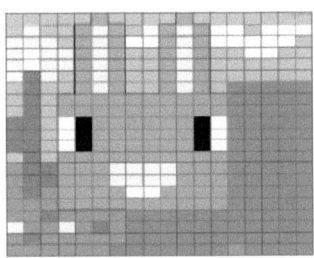

28. Zombie Pigman

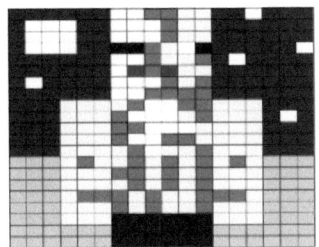

29. Kuh

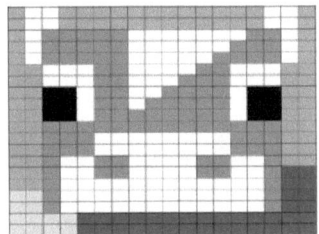

30. Endermilbe

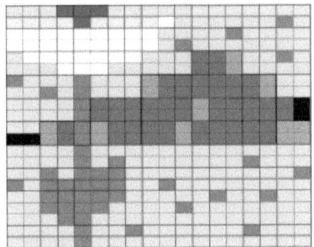

Male deine eigene Minecraftfigur

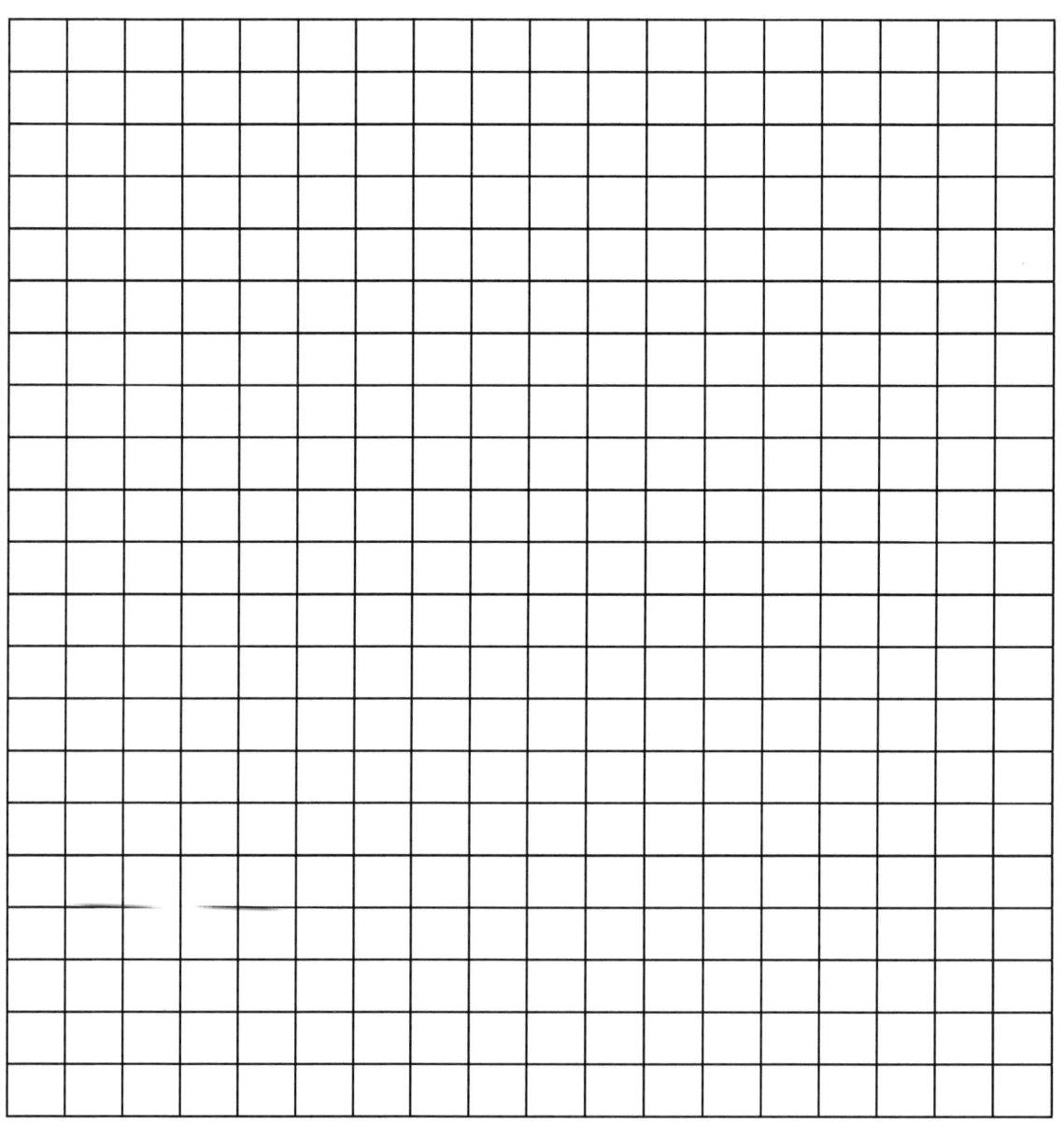

Male deine eigene Minecraftfigur

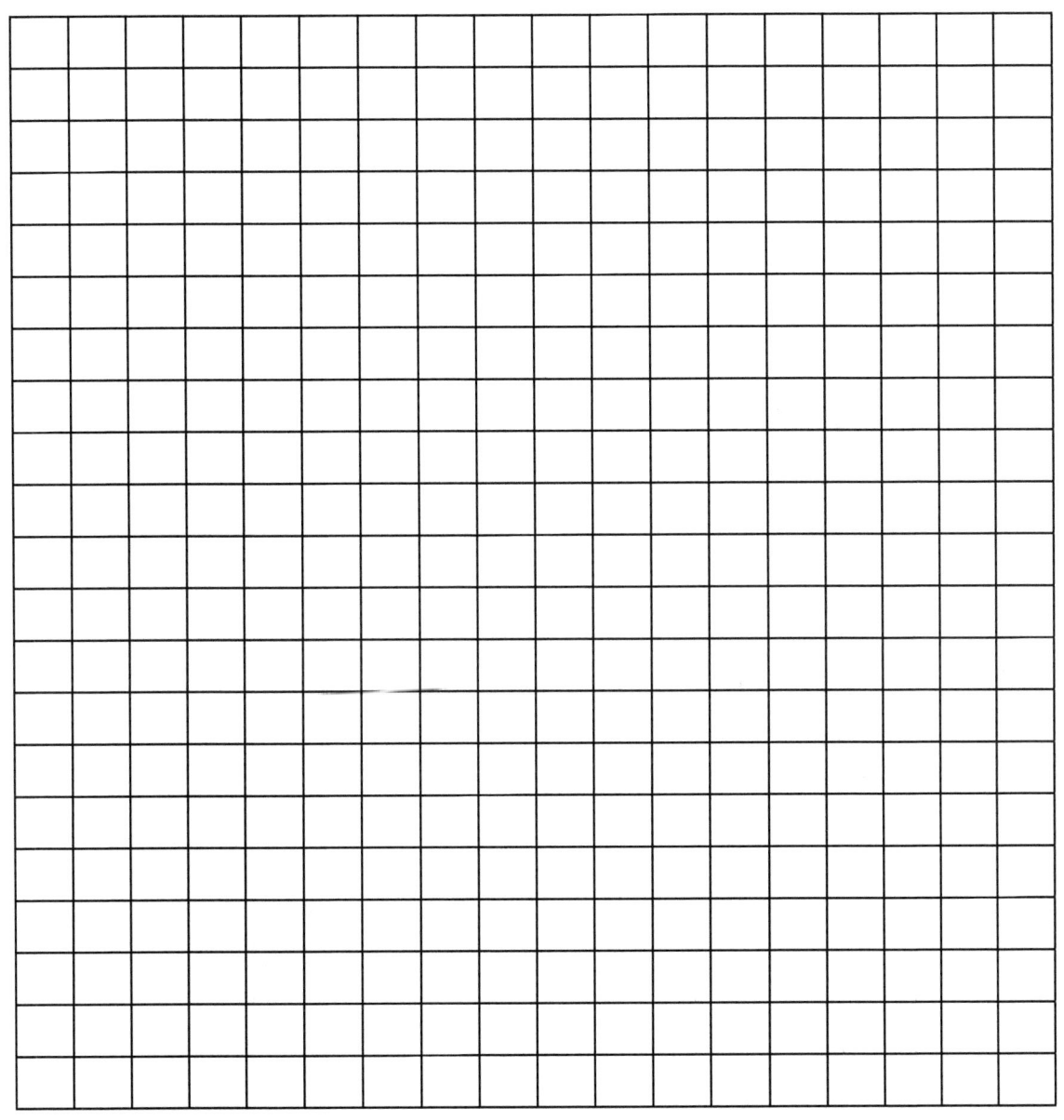

Weitere Bücher der FUNCRAFT Reihe:

Titel	Alter	ISBN
Funcraft - Das beste inoffizielle Mathe Ausmalbuch für Minecraft Fans (6-10 Jahre)	6-10	9783743196919
Funcraft - Das inoffizielle Mathe Ausmalbuch: Minecraft Minis (Cover Hase)	6-10	9783734781452
Funcraft - Das inoffizielle Mathe Ausmalbuch: Minecraft Minis (Cover Zombie)	6-10	9783743163744
Funcraft - Das inoffizielle Mathe Ausmalbuch: Minecraft Minis (Cover Dragon)	6-10	9783743182417
Funcraft - Das inoffizielle Mathe Ausmalbuch: Superhelden im Minecraft Skin (Cover Batman)	6-10	9783743192904
Funcraft - Das inoffizielle Mathe Ausmalbuch: Superhelden im Minecraft Skin (Cover Superman)	6-10	9783743192836
Funcraft - Das inoffizielle Witzebuch für Minecraft Fans	8-14	9783743192539
Funcraft - Noch mehr inoffizielle Witze für Minecraft Fans	8-14	9783743192607
Funcraft - Die besten inoffiziellen Witze für Minecraft Fans	8-14	9783743193192
Funcraft - Die lustigsten inoffiziellen Witze für Minecraft Fans	8-14	9783743195240
Funcraft - Das inoffizielle Rätselbuch für Minecraft Fans	8-14	9783743195387
Funcraft - Noch mehr inoffizielle Rätsel für Minecraft Fans	8-14	9783743195400
Funcraft - Das inoffizielle Offline Spielebuch für Minecraft Fans	8-14	9783743195424
Funcraft - Das inoffizielle Quizbuch für Minecraft Fans	8-14	9783741291203
Funcraft - Noch mehr inoffizielle Quizfragen für Minecraft Fans	8-14	9783739235592
Funcraft - Das inoffizielle Rekordebuch für Minecraft Fans	8-14	9783743165502
Funcraft - Das inoffizielle Hausaufgabenbuch für Minecraft Fans	8-14	9783743177666
Funcraft - Aufstand in Germanien (Ein Minecraft inspirierter Roman)	12-99	9783743196858
Funcraft - Eiszeitjäger: Auf der Fährte des Löwen (Ein Minecraft inspirierter Roman)	12-99	9783743196865
Funcraft - Das beste inoffizielle Notizbuch (liniert) für Minecraft Fans	6-99	9783743196872
Funcraft - Das inoffizielle Notizbuch (kariert) für Minecraft Fans	6-99	9783743196889
Funcraft - Frohes Neues Jahr an alle Minecraft Fans! (inoffizielles Notizbuch) - Das	6-99	9783743196896
Funcraft - Fröhliche Weihnachten an alle Minecraft Fans! (Inoffizielles Notizbuch)	6-99	9783743196902
Passwort Logbuch für Minecraft Fans	6-99	9783743163928
Pokefun - Das inoffizielle Witzebuch für Pokemon GO Fans	6-99	9783743109780
Pokefun - Das inoffizielle Quizbuch für Pokemon GO Fans	6-99	9783743109827
Pokefun - Das inoffizielle Notizbuch (Team Rot) für Pokemon GO Fans	6-99	9783743109841
Pokefun - Das inoffizielle Notizbuch (Team Gelb) für Pokemon GO Fans	6-99	9783743109858
Pokefun - Das inoffizielle Notizbuch (Team Blau) für Pokemon GO Fans	6-99	9783743109865
Pokefun - Das absolut inoffizielle Notizbuch für Pokemon GO Fans	6-99	9783743109834
Weltbester Radfahrer - Notizbuch	6-99	9783738610161
Weltbester Inline Skater - Notizbuch	6-99	9783738610178
Weltbester Skifahrer - Notizbuch	6-99	9783738610185
Weltbester Snowboarder - Notizbuch	6-99	9783738610192
Weltbester Sportler - Notizbuch	6-99	9783738610208
Weltbester Surfer - Notizbuch	6-99	9783738610215
Weltbester Taucher - Notizbuch	6-99	9783738610222
Weltbester Tennisspieler - Notizbuch	6-99	9783738610239
Weltbester Volleyballer - Notizbuch	6-99	9783738610246
Weltbester Wassersportler - Notizbuch	6-99	9783738610253

Von Theo von Taane gibt es weit mehr als 200 Witzebücher, Notizbücher, Romane, Spiele, Tools, Sportbücher und Kalender. Im Store einfach mal nach „Theo Taane" suchen.

Viel Spaß!